QUEM AMA
SEMPRE VENCE

LUZIA SANTIAGO

Mensagens para o dia a dia

QUEM AMA SEMPRE VENCE

petra

Canção Nova
EDITORA

Dados internacionais de Catalogação na Publicação (CIP)
(Câmara Brasileira do Livro, SP, Brasil)

Santiago, Luzia
Quem ama sempre vence/ Luzia Santiago. 18ª ed. Cachoeira Paulista: Editora Canção Nova, 2016.

ISBN: 978.85.767.7760-1

1. Amor – Meditações 2. Confiança – Meditações 3. Esperança – Meditações 4. Relações interpessoais 5. Vida cristã I. Título

06-1237 CDD-248.4

Índices para catálogo sistemático:
1. Amor : Vida cristã 284.4

EDITORA CANÇÃO NOVA
Rua João Paulo II, s/n, Alto da Bela Vista
12630-000 Cachoeira Paulista – SP – Brasil
Telefone: [55] (12) 3186-2600
E-mail: editora@cancaonova.com
http://editora.cancaonova.com

Sumário

Apresentação

Sobre as mensagens deste livro posso testemunhar bem de perto o que a Luzia nos diz: primeiro é a sua vivência. Ela não tem maldade e busca a reconciliação em tudo. Ela vive e sente este amor incondicional que Deus tem por nós e é justo isso que transmite nestas mensagens: "o amor é a fonte de cura e libertação".

Estou casado com a Lu há 26 anos, e vejo como ela me ensina a cada vez sermos mais amigos, companheiros, parceiros e companheiros de trabalho. Viver a verdade e trazer para junto de nós sempre a reconciliação, pois sei que viver comigo não é fácil. Vivo a verdade, sou pecador, tenho um pavio muito curto, mas tenho a certeza de que Deus está conosco. Ela vive o dia de ontem, de hoje e de amanhã sempre buscando a reconciliação, o amor e a alegria. Lendo este livro, vamos nos conscientizando de que não estamos abandonados à mercê dos nossos pecados e erros.

Luzia, parabéns pelo seu testemunho de fé. Deus te ama e eu também.

Eto

O amor traduz-se em gestos concretos.

Luzia Santiago

Canção Nova

FOTOGRAFE E COMPARTILHE

Quem não ama não conhece a Deus!

"Caríssimos, amemo-nos uns aos outros, porque o amor vem de Deus, e todo o que ama é nascido de Deus e conhece a Deus. Aquele que não ama não conhece a Deus, porque Deus é amor" (1 João 4,7-8).

O critério para sabermos se verdadeiramente conhecemos a Deus é se amamos os nossos irmãos. Podemos questionar quais são os sentimentos que temos no coração e o que eles têm produzido em nós, porque dois dos grandes frutos do amor são o querer e o fazer bem ao outro. O amor traduz-se em gestos concretos. Lembremo-nos das pessoas com as quais não simpatizamos, rezemos por elas. Peçamos ao Espírito Santo que nos aproxime delas e nos conceda a graça de amá-las, fazendo-lhes o bem.

Jesus, manso e humilde de coração, fazei o nosso coração semelhante ao Vosso. Fazei-nos viver o amor e a reconciliação.

Se não amarmos, será tudo em vão.

Luzia Santiago

Canção Nova

FOTOGRAFE E COMPARTILHE

Amar ou amar

"Deus é amor, e quem permanece no amor permanece em Deus e Deus nele" (1 João 4,16b).

A grande graça para nós é vivermos e morrermos amando, porque, mesmo que cumpramos todos os mandamentos da lei de Deus, se não amarmos, será tudo em vão. Quando amamos, somos os primeiros beneficiados, porque o amor cura, liberta, restaura e nos conduz à plena liberdade.

Olhemos para a vida de Jesus; Ele se deu por amor. Sigamos o Seu exemplo.

Perdoar é
o primeiro
passo para
descomplicar
a vida.

Luzia Santiago

Canção Nova

FOTOGRAFE E COMPARTILHE

Perdoar descomplica a nossa vida

"Eis a aliança que, depois daqueles dias, farei com eles — oráculo do Senhor: imprimirei as minhas leis nos seus corações e as escreverei no seu espírito, acrescenta: dos seus pecados e das suas iniquidades já não mais me lembrarei. Ora, onde houve plena remissão dos pecados não há por que oferecer sacrifício por eles" (Hebreus 10,16-18).

Hoje Jesus nos convida a nos desfazer dos entulhos guardados no coração. Ele nos convida a colocar tudo às claras diante Dele: indiferença, mágoas, derrotas, decepções no trabalho, aborrecimentos, lágrimas, tristeza e tantos outros sentimentos. Entreguemos confiantemente ao Senhor tudo o que nos sobrecarrega. Deixemos que Ele cure o nosso coração.

Abramo-nos à experiência do perdão. Mesmo não sentindo vontade de perdoar, decidamo-nos a perdoar os que feriram nosso coração. Perdoar é o primeiro passo para descomplicar nossa vida. Permitamos que o Espírito Santo traga à luz as situações que ficaram mal resolvidas. Deixando vir à luz esses entulhos, nossa libertação e cura acontecerão com mais rapidez.

"Pai nosso, que estais no Céu, perdoai as nossas ofensas assim como nós perdoamos a quem nos tem ofendido."

Jesus, eu confio e espero em Vós!

Só o amor ultrapassa a nossa própria dor.

Luzia Santiago

Canção Nova

FOTOGRAFE E COMPARTILHE

O amor cura tudo

"Se estás, portanto, para fazer a tua oferta diante do altar e te lembrares de que teu irmão tem alguma coisa contra ti, deixa lá a tua oferta diante do altar e vai primeiro reconciliar-te com teu irmão" (Mateus 5,23-24).

Jesus vem nos ensinar o amor complacente, a gratuidade e a doação de si mesmo.

O princípio de todo bom relacionamento, seja ele entre amigos, namorados ou casados, é o perdão. O perdão é um exercício de amor. Quem perdoa ama verdadeiramente.

Amar é uma decisão. Sendo assim, perdoar também implica decisão. Cada dia é uma nova oportunidade para perdoar. Não espere que o outro faça por você o que você pode fazer por ele hoje. Dê o passo do perdão!

Se considerarmos que a mudança precisa partir de nós, antes mesmo que da pessoa que nos feriu, poderemos viver, então, a experiência da transcendência do amor. Só o amor ultrapassa nossa própria dor, transformando-a em gesto concreto de doação ao outro.

Essa experiência transforma tudo ao nosso redor, porque um coração que perdoa ama verdadeiramente e, amando, enxerga tudo de maneira diferente: com o olhar manso e misericordioso de Jesus.

Façamos deste um dia iluminado com a experiência libertadora do perdão. O amor cura tudo. Basta darmos o primeiro passo.

Jesus, eu confio em Vós para amar e perdoar.

O fato de sermos diferentes uns dos outros nos enriquece.

Luzia Santiago

Canção Nova

FOTOGRAFE E COMPARTILHE

Antipatias

"Se alguém disser: 'Amo a Deus', mas odeia seu irmão, é mentiroso. Porque aquele que não ama seu irmão, a quem vê, é incapaz de amar a Deus, a quem não vê" (1 João 4,20).

O Senhor tem insistido conosco para que amemos os nossos irmãos e as pessoas com as quais convivemos, ou que simplesmente passam pela nossa vida. Muitas vezes a nossa dificuldade de amar os irmãos ocorre por querermos enquadrá-los em nossos padrões de vida. Quando eles não agem como gostaríamos, os desprezamos. Que pena! Nós nos esquecemos de que o fato de sermos diferentes uns dos outros nos enriquece. Só o amor a Deus nos lança ao amor ao próximo: "Nisto conhecemos que amamos os filhos de Deus: se amamos a Deus e guardamos os seus mandamentos. E seus mandamentos não são penosos, porque todo o que nasceu de Deus vence o mundo" (1 João 5,2-4a).

Jesus, manso e humilde de coração, fazei o nosso coração semelhante ao Vosso. Fazei-nos viver o amor e a reconciliação.

Não
devemos
em nada nos
perturbar,
pois Jesus é a
nossa paz!

Luzia Santiago

Canção Nova

FOTOGRAFE E COMPARTILHE

Perturbações

"Deixo-vos a paz, dou-vos a minha paz. Não vo--la dou como o mundo a dá. Não se perturbe o vosso coração, nem se atemorize" (João 14,27).

S*halom* é a saudação mais comum nos lábios de um judeu. Dos lábios de Jesus para aqueles que são Seus, sai a mesma saudação: *Shalom!*

Não é apenas uma forma de saudar, mas algo que só Jesus pode dar, porque significa vida e salvação. A paz em Jesus é a perfeita alegria: "Como são belos sobre as montanhas os pés do mensageiro que anuncia a felicidade, que traz as boas novas e anuncia a libertação, que diz a Sião: Teu Deus reina!" (Isaías 52,7).

É o Senhor quem precisa reinar para que a verdadeira paz se instaure entre de nós. Em tudo o que fazemos contamos com o auxílio do Espírito Santo para construirmos a paz. Não devemos em nada nos perturbar, pois Jesus é a nossa paz! Permaneçamos Nele, neste dia, e sejamos arautos da Sua paz. Em qualquer situação optemos pela harmonia e concórdia.

Ó, Senhor, que Vossos amigos anunciem Vosso Reino glorioso. Jesus, eu confio em Vós!

Um dia nunca é igual ao outro. Para cada dia, uma graça própria.

Luzia Santiago

Canção Nova

FOTOGRAFE E COMPARTILHE

Agitações

Diariamente precisamos nos abrir ao novo. Um dia nunca é igual ao outro e para cada dia o Senhor nos concede uma graça própria. A graça de ontem já passou e não volta mais; estejamos atentos à bênção de hoje. De maneira nenhuma deixemos passar a graça de Deus em nossa vida.

Vivemos preocupados com muitas coisas, agitados, presos aos nossos problemas e, por isso, muitas vezes incapazes de perceber a graça de Deus operando em nós. Continuamos com os mesmos costumes do velho homem quando nos apegamos aos nossos problemas. Hoje o Senhor nos convida a viver de forma diferente, dando-nos uma palavra de ordem:

"Necessário vos é nascer de novo" (João 3,7b).

Essa ordem é um desígnio divino de misericórdia, porque Deus nos quer cheios do Espírito Santo renovador. Com a efusão do Espírito Santo, tudo começa a mudar dentro de nós e ao nosso redor, pois o poder de Deus renova todas as coisas.

Permitamos que o Espírito Santo nos transforme e nos renove. Rezemos e peçamos: Vinde, Espírito Santo!

"Se enviais, porém, o vosso sopro, eles revivem e renovais a face da terra" (Salmo 103,30).

Jesus, eu confio em Vós!

Deixemo-nos encontrar por Jesus! Ele está nos corações humildes.

Luzia Santiago

Canção Nova

FOTOGRAFE E COMPARTILHE

Dores e perdas

Em meio aos sofrimentos ou às situações de pecado que nos abatem, Jesus realiza Sua obra, Seus milagres e Suas curas em nossa vida. Em nossa humanidade, nem sempre percebemos o que Ele está realizando. Como o cego do Evangelho, enxergamos as coisas de forma obscura, perdidos ante os acontecimentos que nos ameaçam. Jesus passa uma, duas, infinitas vezes em nossa vida, sempre para nos salvar. Se nos deixamos tocar, Ele se incumbe de realizar em nós a Sua obra. Quando novamente Ele nos visita, como da primeira vez, experimentamos Seu amor, e até de maneira mais intensa.

É um novo impulso do Seu amor; é um "redespertar" para a vida; é um toque leve sobre nossas feridas para sará-las. Amorosamente, o Senhor vai dando sequência à Sua obra de salvação em nós.

Reconheçamos hoje o toque amoroso de Deus. Estejamos atentos aos sinais de Sua visita em nossa vida. Em meio à dor, às perdas ou às alegrias, acolhamos o Senhor. Ele está sempre disposto a nos tocar, quantas vezes for preciso, para que tenhamos uma autêntica e total experiência do Seu amor. Deixemo-nos encontrar por Jesus! Ele está perto dos corações humildes.

Jesus, eu confio em Vós!

Em meio às adversidades da vida, existe uma esperança, um Advogado: o Espírito Santo.

Luzia Santiago

Canção Nova

FOTOGRAFE E COMPARTILHE

Traições

O Evangelho nos assegura que, em meio às adversidades da vida, existe uma esperança, um Advogado que nos defende, o Paráclito... o prometido do Pai. Seja qual for a situação pela qual você está passando hoje — de desespero, calúnia ou difamação de pessoas que mentem contra você —, lembre-se de que Jesus lhe promete:

> *"Vou para aquele que me enviou [...], e quando o Paráclito vier, convencerá o mundo a respeito do pecado, da justiça e do juízo" (cf. João 16,5.8).*

Portanto, abandone-se nos braços misericordiosos do Pai. Ele enviou Seu Filho único para nos justificar. Jesus veio para provar ao mundo que não existe força maior que o braço poderoso de Deus, na pessoa do Espírito Santo, o Paráclito, nosso Advogado. Ele foi derramado sobre nós para nos tornar pessoas inteiramente livres e salvas. Por mais que a nossa história tenha sido marcada pelo pecado e pelo sofrimento, Ele nos leva a nos reconciliar com Deus e com aqueles que nos feriram. Por mais dura que possa ter sido a traição, o Espírito é uma força inovadora, que transforma o coração irado e rancoroso em amável e misericordioso.

Vivamos neste dia a experiência libertadora do Espírito Santo, que advoga com zelo a nossa causa.

Jesus, eu confio em Vós!

A alegria duradoura não está em não ter provações; ela está em Deus.

Luzia Santiago

Canção Nova

FOTOGRAFE E COMPARTILHE

Deus nunca nos abandona

"Vós que temeis ao Senhor, esperai nele, sua misericórdia vos será fonte de alegria. Vós que temeis ao Senhor, amai-o, e vossos corações se encherão de luz" (Eclesiástico 2,9-10).

Veja o convite de Jesus para hoje: Ele quer que nos abramos à Sua infinita misericórdia, nos entregando inteiramente à Sua vontade, que se revela a nós por meio dos acontecimentos. Peçamos a Jesus a graça da paciência, da esperança e da perseverança. Agarremo-nos firmemente aos propósitos de cumprir com fidelidade os desígnios de Deus para a nossa felicidade.

Apoiemo-nos em Jesus para não cairmos no pecado. Confiemos Nele e aceitemos tudo o que nos acontecer, invocando em todos os momentos Seu nome santo.

A alegria duradoura não está em não ter provações... Ela está em confiarmos com a nossa vida que existe um bem maior, um sentido, uma força que impera sobre tudo e sobre todos: Deus. Ele está acima de toda dor e não nos abandona à mercê do vento impetuoso, da tempestade. Jesus caminha conosco e nós caminhamos com Jesus.

Entreguemo-nos a Ele, confiantes. Ele nunca nos abandona. Diga com força: Jesus, eu me entrego a Vós, porque sei que disso depende a minha felicidade, a minha alegria e salvação! Eu me entrego, Senhor, apoio-me em Vossa misericórdia para ser a Vossa mão para os mais necessitados que eu.

Jesus, eu confio em Vós!

Os sonhos
de Deus
para nós são
infinitamente
maiores que
os nossos.

Luzia Santiago

Canção Nova

FOTOGRAFE E COMPARTILHE

Eu creio nas promessas de Deus a meu respeito

Os sonhos de Deus para nós são infinitamente maiores que os nossos, e precisamos tomar consciência dessa verdade. Muitas vezes, por não termos paciência e plena consciência de que Deus é o primeiro a nos querer felizes, atropelamos Sua vontade a nosso respeito. Estamos acostumados a fazer tudo do nosso jeito limitado. Isso nos deixa frustrados, decepcionados com nós mesmos e com os outros, e ainda dizemos: "A culpa é de Deus!", ou "Nada dá certo na minha vida!".

Nossos ideais, sonhos e projetos precisam fundamentar-se na Palavra de Deus para que as adversidades da vida não nos peguem de surpresa e não roubem nossa esperança e confiança em Deus. Fiquemos atentos, hoje, à voz do Senhor.

"Aquele, pois, que ouve estas minhas palavras e as põe em prática é semelhante a um homem prudente, que edificou sua casa sobre a rocha. Caiu a chuva, vieram as enchentes, sopraram os ventos e investiram contra aquela casa; ela, porém, não caiu, porque estava edificada na rocha" (Mateus 7,24-25).

Peçamos ao Senhor a graça de não vivermos iludidos pelos falsos valores que o mundo nos oferece.

Jesus, eu confio em Vós!

Quem ama sempre vence.

Luzia Santiago

Canção Nova

FOTOGRAFE E COMPARTILHE

Quem ama sempre vence

Quem ama sempre vence, porque o amor é uma copiosa fonte de coragem, que nos impulsiona a superar os limites do nosso temperamento, as nossas falhas de caráter, os medos, as dúvidas e as desconfianças, os preconceitos, as antipatias...

Nas mais diversas circunstâncias da vida de Cristo, o amor venceu. Nós também, em cada sentimento que temos, em cada pensamento, em cada gesto e em nossos relacionamentos, precisamos dar a vitória ao amor de Deus.

Quem ama sempre vence! E essa vitória se manifesta no encontro íntimo e pessoal com Cristo Ressuscitado. É Ele quem sacia a nossa sede. E amar é um ato de vontade. Precisamos querer amar, independentemente de os outros nos amarem. Precisamos nos comprometer com o amor, para que ele cresça e frutifique em nós gestos fraternos, oferta espontânea de serviço e doação. Agindo desse modo, poderemos superar as discórdias e as divisões e derrubar as barreiras do desamor existentes em nós.

Amor é compromisso, é o grande talento que Deus espera que multipliquemos. É a inesgotável riqueza que Deus nos dá para vencermos na vida. Jesus venceu o mundo amando e nos dá esta ordem:

"Perseverai no meu amor" (João 15,9b).

O amor de Deus precisa ser colocado para fora a cada momento, a cada dia, com cada pessoa diferente, pois cada um é único diante de Deus!

Amemos sem limites, pois o amor de Deus transborda ainda mais para quem se dá plenamente!

Jesus, eu confio em Vós!

Deus é fiel
e nunca nos
abandona.

Luzia Santiago

Canção Nova

FOTOGRAFE E COMPARTILHE

Amor com amor se paga

Ao amanhecer, ainda na cama, entrego-me ao Senhor, porque sei que o amor de Deus por mim renova-se diariamente. Isso me dá coragem para enfrentar um novo dia, com seus obstáculos, suas alegrias e lutas. Coloco-me logo cedo em oração, como um soldado que se prepara para o combate, porque sei que esta vida é um campo de batalha, e sozinha não sou capaz de vencer.

Encontro pessoas que ao longo do dia vêm pedir-me oração, e muitas, em meio aos seus problemas, dizem: "O Senhor esqueceu-se de mim; estou lutando sozinho e não tenho mais forças. Já estou para entregar os pontos." Então, eu sempre lhes pergunto: "Você tem rezado? Pelo menos tem separado dez minutos do seu tempo para ficar a sós com Deus?" Nem sempre a resposta é sim.

Deus é fiel e nunca nos abandona!

> *"Sião dizia: 'O Senhor abandonou-me, o Senhor esqueceu-me.' Pode uma mulher esquecer-se daquele que amamenta? Não ter ternura pelo fruto de suas entranhas? E mesmo que ela o esquecesse, eu não te esqueceria nunca"* (Isaías 49,14-15).

Nós não somos massa no meio da multidão. O Senhor está sempre atento a cada um de maneira pessoal. Em meio a tanta bondade do Senhor, só podemos retribuir com amor e confiança, porque amor com amor se paga.

Jesus, eu confio em Vós!

Quem
põe sua
confiança em
Deus encontra
a verdadeira
alegria.

Canção Nova

FOTOGRAFE E COMPARTILHE

Quem confia em suas próprias forças vive iludido

Deus sabe tirar um bem de tudo. A Bíblia narra as histórias de Caim, que elimina Abel, seu irmão, e José do Egito, que é vendido por seus irmãos. Além desses exemplos, a vida de Jesus nos ensina que o amor de Deus vence as trevas e o mal. Vivemos em tempos de violência. Homens que se deixam arrastar pelo próprio egoísmo atentam contra a vida dos outros. Guiados pelos próprios instintos, não são capazes de ouvir a Deus.

"Maldito o homem que confia em outro homem, que da carne faz o seu apoio e cujo coração vive distante do Senhor!" (Jeremias 17,5).

Mas, graças à Divina Providência, os projetos dos homens não são definitivos. Tudo está nas mãos do Pai do Céu, que é plena luz e misericórdia, e que tudo encaminha para o bem. Quem confia em suas próprias forças vive iludido, mas quem põe a sua confiança em Deus encontra a verdadeira alegria e "tudo o que empreende prospera" (Salmo 1,3b).

É feliz quem em Deus confia. "Porque o Senhor vela pelo caminho dos justos, ao passo que o dos ímpios leva à perdição" (Salmo 1,6).

Jesus, eu confio em Vós!

Hoje é um dia favorável para voltarmos ao Senhor.

Canção Nova

FOTOGRAFE E COMPARTILHE

Sozinhos, não somos nada

Fomos criados por Deus para o louvor da Sua glória.

Quanto mais nos aproximamos do Senhor, mais livres nos tornamos. Se nos distanciamos Dele, caímos no nada, no vazio, na falta de sentido da vida. O que dá sentido à existência humana é viver em plena comunhão com Deus. Sozinhos, não somos e não podemos nada.

Muitas vezes caímos na tentação de querer ocupar o lugar de Deus.

Deixemos Deus ser Deus em nossa vida, dando a Ele o lugar que Lhe é devido.

Hoje é um dia favorável para nos voltarmos inteiramente ao Senhor nosso Deus. Pelos sintomas que estamos sentindo, percebemos se estamos longe ou perto do Senhor.

"Só Jesus de Nazaré é capaz de satisfazer as aspirações mais profundas do coração humano" (São João Paulo II).

Peçamos ao Senhor a graça de nos voltarmos inteiramente a Ele, reconhecendo-O como o único Deus da nossa vida.

Jesus, eu confio em Vós!

O amparo
de Deus nos
faz enxergar
a vitória nos
aparentes
desgastes e
fracassos.

Luzia Santiago

Canção Nova

FOTOGRAFE E COMPARTILHE

Deus enxuga nossas lágrimas

Jesus, na Sua entrega total numa cruz, inspira em nós, cristãos, uma vivência dinâmica da fé, a partir de Sua promessa aos discípulos:

"Há de receber do que é meu, e vo-lo anunciará" (João 16,15).

Ter fé é acreditar naquilo que não se vê. É entrever o desígnio de Deus em nossa vida, naquilo que, das mais variadas formas, se manifesta no dia a dia, por meio das realidades que nos cercam.

De tal maneira o Espírito de Deus ampara-nos, que nos ensina a encarnar uma fé dinâmica, viva e crescente em nosso cotidiano.

Isso significa que o amparo de Deus na pessoa do Espírito Santo é uma força arrebatadora, que nos lança para fora de nós mesmos, enxugando nossas lágrimas, amenizando o sofrimento e nos arrastando para o amor de doação aos nossos irmãos. E, assim, nos encoraja a dar passos concretos de fé e nos faz entrever a vitória nos aparentes desgastes e fracassos.

Essa fé é a do testemunho ante a perseguição, é o grito do pobre: "O Senhor é a minha luz e salvação!" É o clamor na hora da angústia: "Mesmo enfermo, eu sou guerreiro!" E, na falta do pão, é a exclamação: "Eu sou o Pão da vida. Quem vem a mim jamais terá fome."

Vivamos hoje à luz desta promessa: "Há de receber do que é meu." E não é pouco o que Deus reserva aos Seus Filhos amados!

Façamos tudo com uma incansável prontidão, tocando — e, posso até acrescentar, apalpando — aquilo que, pela fé, recebemos de Deus.

Jesus, eu confio em Vós!

Nossa história precisa ser narrada como uma página viva do evangelho.

Luzia Santiago

Canção Nova

FOTOGRAFE E COMPARTILHE

Que tipo de família é a minha?

Celebramos a ousadia daquela mulher do Evangelho que, independentemente de sua origem pagã, foi ao encontro de Jesus, caiu aos Seus pés em prantos, suplicou pelo seu filho que estava possesso. Porque ela reconheceu que Jesus é a única salvação, o seu filho foi curado.

O papa São João Paulo II, no *IV Encontro Mundial das Famílias*, ocorrido em Manila, nas Filipinas, apelou para todo o mundo: "Fazei da vossa família uma página de Evangelho escrita para o nosso tempo!"

Celebremos e reflitamos sobre as diversas figuras do evangelho e perguntemo-nos: em minha casa, hoje, sou o filho pródigo ou a filha pródiga, que volta para os braços do pai? Ou, quem sabe, o pai que acolhe o filho no pecado? Ou, ainda, o casal das bodas de Caná? Ou o jovem rico que precisa se desapegar dos seus bens? Ou sou a família da menina que Jesus ressuscitou, dizendo: *"Talita cumi"*, quando já morta num leito? Ou a samaritana, que ao longo de sua história possuiu vários homens e se encontrou diante de Jesus vivendo em adultério, quando Ele a olhou com profundo respeito e amor? Ou vivo em muitos outros casos, os quais nem foram narrados nas Escrituras?

Nossa história precisa ser narrada como um tesouro maravilhoso de que a sociedade é portadora; uma página viva do Evangelho, concreta para os dias de hoje... e não como uma história que faltou no Evangelho, mas que completa e integra a missão de Jesus, que é a de salvar o Seu povo.

"Queridas famílias cristãs, anunciai com alegria ao mundo inteiro o tesouro maravilhoso de que sois portadoras como Igrejas Domésticas!" (São João Paulo II).

"Tua mulher será em teu lar como uma vinha fecunda. Teus filhos em torno à tua mesa serão como brotos de oliveira" (Salmo 127,3).

Jesus, abençoai a minha família.
Jesus, eu confio em Vós!

Quando fazemos tudo com Jesus, nossa vida ganha novo sentido.

Luzia Santiago

Canção Nova

FOTOGRAFE E COMPARTILHE

Eis o segredo: fazer tudo com Jesus

Quando fazemos tudo com Jesus, nossa vida ganha novo sentido, mesmo em meio às tribulações. Não sei se você já teve a feliz experiência de fazer tudo com Jesus; eu sempre faço isso, porque é uma experiência muito gratificante e salutar para a minha alma. Antes de tomar uma atitude ou realizar minhas atividades, por mais simples que elas sejam, sempre digo: "Jesus, fica aqui comigo." Ao longo do dia, em meio à correria, estou sempre dizendo para Jesus: "Não esqueças que Te amo profundamente; aproxima o meu coração do Teu, Senhor."

Existe uma grande diferença entre fazer tudo com Jesus e fazer tudo sozinho. Observo que, quando convido Jesus para fazer tudo comigo, não fico agitada, o meu tempo rende, faço tudo em paz e com ordem, consigo discernir o que é o essencial para ser realizado no momento presente e não me canso tão facilmente, porque divido tudo com Jesus. Entretanto, quando esqueço que sozinha eu não consigo fazer nada bem-feito e começo a fazer tudo com a minha própria força, o dia se torna insuportável e desastroso.

Você já viveu um daqueles dias em que nada dá certo e, à noite, a frustração vem, e parece que tudo foi em vão? É assim que acontece comigo quando assumo uma postura de supermulher e me esqueço de recorrer ao Deus da minha vida.

> *"O Senhor está perto dos contritos de coração, e salva os que têm o espírito abatido. São numerosas as tribulações do justo, mas de todas o livra o Senhor" (Salmo 33,19-20).*

É por isso que ao acordar, ainda na cama, entrego-me de corpo e alma ao Senhor, suplicando Seu socorro e a Sua graça para a minha vida.

Peçamos ao Senhor a graça de fazer tudo com Ele, por Ele e para Ele.

Jesus, eu confio em Vós! Permanecei comigo, Senhor!

Eis o segredo: confiar em Deus.

Luzia Santiago

Canção Nova

FOTOGRAFE E COMPARTILHE

Eis o segredo: confiar em Deus

Neste dia, temos uma oportunidade única de nos encontrar intimamente com o Senhor, derramar nosso coração diante Dele, sem nada esconder, porque Ele nos entende, sem precisar que fiquemos explicando-nos ou justificando nossos atos.

Aproximemo-nos do Senhor com o coração contrito e cheio de sinceridade, para que Sua misericórdia alcance toda a nossa vida. Talvez hoje estejamos lutando para sair de uma situação difícil, mas não estejamos conseguindo porque queremos resolver a situação com nossas próprias forças.

Reconheçamo-nos necessitados do auxílio divino. Levantemos nossos olhos para o alto e clamemos ao Senhor que venha em socorro das nossas fraquezas, porque "sem limites é a Sua misericórdia para conosco, e eterna é a fidelidade do Senhor" (Salmos 116,2).

Não perdemos nada em confiar em Deus, muito pelo contrário. Rezemos durante todo o dia este ato de confiança no Senhor:

Jesus, eu confio em Vós!

Quem verdadeiramente ama não suporta ser superado em amor; quanto mais amado se sente, mais amor quer dar.

Canção Nova

FOTOGRAFE E COMPARTILHE

Eis o segredo: amar e deixar-se amar

Quem ama "só pode estar contente quando sabe que ama tanto quanto é amado" (São João da Cruz).

Quem verdadeiramente ama não suporta ser superado em amor e, quanto mais amado se sente, tanto mais amor quer dar. Em virtude da caridade infundida em nós pelo Espírito Santo, podemos dizer: "Senhor, eu Vos amo com o Vosso próprio amor." Todavia, essa centelha de amor divino fica, muitas vezes e por muito tempo, sufocada sob os afetos e os desejos egoístas, desordenados, unicamente materialistas. Só depois de liberta de tudo isso ela poderá inflamar minha alma e elevá-la a Deus.

Assim, observa São João da Cruz, a criatura transformada em Deus por amor ama o Senhor no Espírito Santo, com o Espírito Santo... Todo batizado pode realmente dizer:

> *"O amor de Deus foi derramado no meu coração pelo Espírito Santo que me foi dado"* (Romanos 5,5).

Peçamos hoje ao Senhor a graça de amar e de nos deixar amar.

Jesus, eu confio em Vós!

Aproximemo-nos confiantemente de Jesus, porque ele não nos condena, mas nos ama e acolhe como somos.

Luzia Santiago

Canção Nova

FOTOGRAFE E COMPARTILHE

Deus não é castigador

Antes de conhecermos a Deus, foi-nos passada uma ideia errônea: que Deus é castigador. E passamos a viver nosso relacionamento com Ele na superficialidade, a partir desse preconceito. Ao cometermos qualquer falha, nossa tendência foi nos afastar do Senhor por medo, e, em consequência disso, começamos a enfrentar dificuldades, sem saber o que fazer e nem aonde ir.

É lindo vermos no Evangelho a atitude de Jesus para com a mulher surpreendida em flagrante adultério:

> *"Como eles insistissem, ergueu-se e disse-lhes: 'Quem de vós estiver sem pecado seja o primeiro a lhe atirar uma pedra.' Inclinando-se novamente, escrevia na terra. A essas palavras, sentindo-se acusados pela sua própria consciência, eles se foram retirando um por um, até o último, a começar pelos mais idosos, de sorte que Jesus ficou sozinho, com a mulher diante dele. Então ele se ergueu e vendo ali apenas a mulher, perguntou-lhe: 'Mulher, onde estão os que te acusavam? Ninguém te condenou?' Respondeu ela: 'Ninguém, Senhor.' Disse-lhe então Jesus: 'Nem eu te condeno. Vai e não tornes a pecar'" (João 8,7-11).*

Aproximemo-nos confiantemente de Jesus, porque Ele não nos condena, mas nos ama e nos acolhe como somos. Hoje é dia de nos enchermos de confiança na misericórdia de Deus. Na medida do possível, busquemos um sacerdote para fazermos uma boa confissão de toda a nossa vida. O Senhor quer nos libertar de todo sentimento de culpa. O coração de Jesus está aberto, derramando sobre nós a plenitude da Sua misericórdia.

Jesus, eu confio em Vós!

O Senhor é
um Deus atento
às necessidades
mais profundas
do nosso
coração.

Luzia Santiago

Canção Nova

FOTOGRAFE E COMPARTILHE

Falemos a mesma linguagem de Deus: o amor

"Pois eu, o Senhor, teu Deus, eu te seguro pela mão e te digo: 'Nada temas, eu venho em teu auxílio'" (Isaías 41,13).

Nosso Deus está sempre pronto a nos acolher. Ele é o Senhor, que se comunica conosco por uma única linguagem: a do amor. "Os infelizes que buscam água e não a encontram e cuja língua está ressequida pela sede, eu, o Senhor, os atenderei, eu, o Deus de Israel, não os abandonarei. A fim de que saibam à evidência, e pela observação compreendam, que foi a mão do Senhor que fez essas coisas, e o Santo de Israel quem as realizou" (Isaías 41,17.20).

Senhor, muito obrigada, porque o Senhor é um Deus atento às necessidades mais profundas do nosso coração.

Jesus, eu confio em Vós! Em Vós, as portas se abriram para mim!

Deixemos
que hoje
Deus nos dê as
indicações do
que é melhor
para nós.

Luzia Santiago

Canção Nova

FOTOGRAFE E COMPARTILHE

É preciso enfrentar as crises

Nesta semana, somos convidados a olhar nossa história e detectar todas as dúvidas ou crises em nossa existência. Encaremos nossa realidade sem medo nem tristeza pelo que aconteceu em nosso passado. Deixemo-nos invadir pela presença de Jesus em todos os fatos e sentimentos vividos, deixemos que Ele nos dê as indicações do que é melhor para nós:

> *"Quem ama a sua vida perdê-la-á; mas quem odeia a sua vida neste mundo conserva-la-á para a vida eterna" (João 12,25).*

Vamos identificar em nós o "grão de trigo" que cai na terra para dar muitos frutos, por meio das muitas "mortes" que já experimentamos. Percebemos que, à medida que morremos para o nosso egoísmo, vemos o "velho homem" desaparecendo pouco a pouco, e a nova criatura, imagem e semelhança de Deus, surgindo.

Vamos cultivar nesta semana os relacionamentos familiares e retomar o relacionamento com os amigos antigos.

"Se o grão de trigo, caído na terra, não morrer, fica só; se morrer, produz muito fruto" (João 12,24). O Senhor está conosco, Ele não nos desampara!

Jesus Cristo é o Senhor! Do meu passado, Ele é o Senhor; do meu presente, Ele é o Senhor; do meu futuro, Ele é o Senhor. Glória a Vós, Senhor!

Jesus, eu confio em Vós!

É hora
de nos
colocarmos na
presença de Deus
e colhermos o
novo rumo que
ele tem para
nossas vidas.

Luzia Santiago

Canção Nova

Não diga que tudo está perdido!

À luz do Espírito Santo, façamos uma avaliação de como estamos vivendo. Sejamos sinceros com nós mesmos. Olhemos para trás e vejamos nosso crescimento, nossa mudança e em que precisamos melhorar. Isso exige coragem e determinação. Não nos deixemos levar pela acomodação nem pelo negativismo. É hora de nos colocarmos na presença de Deus e colhermos o novo rumo que Ele tem para nossas vidas.

Todos nós precisamos ter um projeto de vida, um objetivo que nos estimule a caminhar neste mundo, sem nos desviar dos desígnios que a Divina Providência tem a nosso respeito. Não nos deixemos arrastar pela ideia de que tudo está perdido e não tem mais jeito, porque o Senhor está sempre a nos dizer: "Levantai vossa cabeça e olhai, pois a vossa redenção se aproxima!" Senhor, mostrai-nos Vossos caminhos, para que não nos desviemos da Vossa presença. Falai-nos ao coração e, pelo Vosso Santo Espírito, guiai as nossas ações!

Jesus, eu confio em Vós!

Quem se
decide por
Jesus precisa estar
disposto a viver
na tempestade
e resistir com
fé a ela.

Luzia Santiago

Canção Nova

FOTOGRAFE E COMPARTILHE

Por que Deus não intervém?

É difícil compreender por que certos fatos acontecem em nossa vida e na humanidade. Somos homens e mulheres de pouca fé que diante do incompreensível nos perguntamos: "Por que Deus não intervém?" ou "Por que o Senhor faz isso? Por que Ele permite essa desgraça?".

Queremos ditar a Deus o modo de agir. Jesus, porém, quer nos treinar a ter plena confiança:

> *"Subiu ele a uma barca com seus discípulos. De repente, desencadeou-se sobre o mar uma tempestade tão grande, que as ondas cobriam a barca. Ele, no entanto, dormia. Os discípulos achegaram-se a ele e o acordaram, dizendo: 'Senhor, salva-nos, nós perecemos!' E Jesus perguntou: 'Por que este medo, gente de pouca fé?' Então, levantando-se, deu ordens aos ventos e ao mar, e fez-se uma grande calmaria"* (Mateus 8,23-26).

Quem se decide por Jesus precisa estar disposto a viver na tempestade, a resistir com fé a ela.

Ser cristão não é fácil, mas, se queremos a felicidade, temos de nos decidir a seguir um caminho de cruz.

Senhor, tenho sempre Vosso amor ante meus olhos; Vossa verdade escolhi por meu caminho. No Senhor ponho a minha esperança, espero em Sua palavra.

Não vamos perder mais tempo. Glorifiquemos a Deus com a nossa vida!

Jesus, eu confio em Vós!

Não temer nem tremer, ser valente e corajoso porque o temor ao Senhor vence o medo.

Luzia Santiago

Canção Nova

FOTOGRAFE E COMPARTILHE

Nada pode me causar medo

"O Senhor é minha luz e minha salvação, a quem temerei? O Senhor é o protetor de minha vida, de quem terei medo? Sei que verei os benefícios do Senhor na terra dos vivos! Espera no Senhor e sê forte! Fortifique-se o teu coração e espera no Senhor!" (Salmos 26,1.13-14).

Nas dificuldades e nos temores, temos a quem recorrer: ao Senhor Deus, que nos ama. O medo, comum em todo coração humano, é inimigo terrível para nossa fé. Embora não possamos reprimi-lo totalmente, temos o Senhor como segurança em nossa luta interior. Nas horas em que os nossos sentimentos parecem deixar-se vencer pelo medo, digamos a nossa alma: "Espera no Senhor e tem coragem, espera no Senhor!"

Não temer nem tremer, ser valente e corajoso porque o temor ao Senhor vence o medo: essa precisa ser a atitude de quem coloca a sua confiança em Deus.

Digamos muitas vezes: "O Senhor é a minha luz e salvação; de quem eu terei medo? Perante quem eu tremerei? Nada pode me causar medo, porque o Senhor é a proteção da minha vida!"

Espalhemos a graça de confiar em Deus.

Jesus, eu confio em Vós! Tende misericórdia de nós e do mundo inteiro!

É exercitando
a escuta
ao Senhor
que vamos
crescendo na fé.

Luzia Santiago

Canção Nova

FOTOGRAFE E COMPARTILHE

Saber ouvir

Quantas vezes lemos na Sagrada Escritura: "Escutai a voz do Senhor." O Senhor não se cansa de usar os profetas de todos os tempos para nos chamar a ouvi-Lo e segui-Lo. "Escutai minha voz! Serei vosso Deus e sereis meu povo."

É exercitando a escuta ao Senhor que vamos crescendo na fé. Ao crescer na fé, vamos adquirindo o gosto de seguir e obedecer a Sua voz.

Jesus é o nosso modelo de escuta e obediência:

"Digo-vos o que o Pai me ensinou" (João 8,26). Quem permanece em Jesus e nos Seus mandamentos será instruído por Ele. Pela Sua Palavra será iluminado, guiado, transformado.

Por esse motivo, devemos estar vigilantes durante todo o dia. Mesmo em meio a muitas ocupações, é necessário conservar a vigilância, para que, pelo Espírito Santo, saibamos discernir e acolher a voz de Deus nos acontecimentos.

A moção de fazer o bem, perdoar, esquecermo-nos de nós mesmos em função dos outros, silenciar para ouvir o Senhor, ser dócil às ordens dos superiores, tudo isso vem do próprio Deus. Ao passarmos por duras provas de paciência, humildade e perseverança, é Deus quem nos estimula.

"Feliz o homem que me ouve, e que vela todos os dias à minha porta" (Provérbios 8,34).

Falai, Senhor, porque quero me exercitar na escuta e quero ser fiel às Vossas instruções.

Jesus, eu confio em Vós!

As promessas
de Deus precisam
manter-se acesas
em nossa memória
porque sua bondade
vai além de nossas
expectativas.

Luzia Santiago

Canção Nova

FOTOGRAFE E COMPARTILHE

Queremos as coisas do nosso jeito

As promessas de Deus precisam manter-se acesas em nossa memória porque a Sua bondade vai além da nossa expectativa. Porque Abraão tinha uma confiança em Deus sem limites e sem reservas, pôde experimentar largamente a bondade do Senhor. Mas isso não foi só para Abraão; é para você e para mim e para todos os que avançam com confiança nas promessas de Deus.

Porque não vemos acontecer as coisas na hora que queremos e do jeito que planejamos, acabamos desanimando ou, ainda, desacreditamos as promessas de Deus. Precisamos colocar toda a nossa confiança no Senhor, sendo contrários à falta de fé deste mundo.

"Guarda-te bem, disse-lhe Abraão, de reconduzir para lá o meu filho! O Senhor Deus do céu, que me tirou da casa de meu pai e de minha pátria, que me disse e me jurou dar esta terra à minha posteridade, este Senhor mandará o seu anjo diante de ti, e tu escolherás lá uma mulher para o meu filho" (Gênesis 24,6-7).

Aprendamos com Abraão a depender de Deus em todas as situações, crendo que tudo Deus proverá!

Jesus, eu confio em Vós!

Em tudo que
nos acontecer
de bom ou ruim
ao longo do dia,
rezemos: louvado
seja Deus.

Luzia Santiago

Canção Nova

FOTOGRAFE E COMPARTILHE

Por que perder a paz e o otimismo?

Se Deus existe, se Ele está ao nosso lado como um Pai amoroso, por que nos inquietarmos? Por que perdermos a paz e o otimismo? Deixemo-nos hoje penetrar por esta ordem que Jesus deu aos discípulos:

"Não se perturbe o vosso coração. Credes em Deus, crede também em mim" (João 14,1).

Quando a fé ocupa a nossa vida, entregamo-nos radicalmente nas mãos de Deus Pai, tornamo-nos pessoas entusiasmadas e otimistas. Essa entrega nas mãos do Pai nos confere uma paz inabalável, mesmo em meio aos problemas. O belo de tudo isso é que a nossa atitude diante das dificuldades não será mais a mesma. Passamos a ser homens e mulheres de louvor, cheios de gratidão para com Deus.

Iniciemos este dia agradecendo ao Senhor por termos acordado, pelo dom da vida, pelo repouso da noite e por todas as graças que Ele já nos concedeu. Em tudo o que nos acontecer de bom ou ruim ao longo do dia, rezemos como Jó:

"Louvado seja Deus!"

Jesus, eu confio em Vós!

Quanto a mim,
é ao Senhor que
me confio.

Luzia Santiago

Canção Nova

FOTOGRAFE E COMPARTILHE

Sem Jesus, o homem não tem futuro

Sem Jesus, a vida do homem e da humanidade não tem futuro, caminha para o nada. Assim fala-nos o Senhor: "Eu sou o pão da vida. Quem vem a mim não terá fome e quem crê em mim nunca mais terá sede" (João 6,35).

Só Jesus dá sentido à nossa existência. Enquanto não O descobrimos, ficamos "batendo a cabeça" de lá para cá, sem encontrarmos o verdadeiro sentido para a nossa vida. É por isso mesmo que há uma multidão de pessoas infelizes pelo mundo afora...

Precisamos pedir ao Pai do Céu não só o pão nosso de cada dia, mas, sobretudo, o Dom Maior, que é o próprio Jesus.

Quanto a mim, é ao Senhor que me confio. Vosso amor me faz saltar de alegria.

Deixemo-nos alimentar por Jesus na Hóstia Consagrada. Ele está sempre à disposição de quem Dele se alimenta.

Jesus, eu confio em Vós!

A revelação de Deus acontece onde estamos.

Luzia Santiago

Canção Nova

FOTOGRAFE E COMPARTILHE

A revelação de Deus acontece onde estamos

Deus, que é amor, está sempre vindo ao nosso encalço. Como Ele fez manifestando-se em sonho a Jacó, dizendo: "'Eu sou o Senhor, Deus de Abraão, teu pai, e o Deus de Isaac; darei a ti e a tua descendência a terra em que estás deitado. Tua posteridade será tão numerosa como os grãos de poeira no solo. [...] Estou contigo, para te guardar aonde quer que fores, e te reconduzirei a esta terra, e não te abandonarei sem ter cumprido o que te prometi'. Jacó, despertando de seu sono, exclamou: 'Em verdade, o Senhor está neste lugar, e eu não o sabia!'" (Gênesis 28,13-16). Era preciso que Jacó compreendesse a missão que o Senhor lhe havia confiado, por isso Deus se manifestou a ele em sonho. Deus quer servir-se de nós para que os Seus planos se realizem. Nossa parte é sermos dóceis e assumirmos com fé e respeito os desígnios que Ele quer realizar por meio de nós, na concretização do Seu plano de salvação para a humanidade.

Todos os acontecimentos de nossa vida, até as situações mais desencontradas que vivemos, fazem parte do plano da Divina Providência a nosso respeito, mesmo quando não entendemos.

"Muitas vezes, vamos exclamar: 'O Senhor está neste lugar e eu não sabia'" (Gênesis 28,16).

Por isso, coloquemo-nos disponíveis à ação do Espírito Santo, para que Ele nos use, sem perdermos nenhuma oportunidade. Quero ouvir o que o Senhor falará; é a paz que Ele vai anunciar!

Jesus, eu confio em Vós!

Jamais o
mal vencerá,
porque Deus
é bom e sabe
transformar o
mal em bem.

Luzia Santiago

Canção Nova

FOTOGRAFE E COMPARTILHE

Deus é bom para mim!

Moisés um dia pediu a Deus:

"'Mostrai-me vossa glória.' E Deus respondeu: 'Vou fazer passar diante de ti todo o meu esplendor'" (Êxodo 33,18). Foi assim que o Senhor se revelou: toda a Sua glória e esplendor se resumem em bondade infinita. A riqueza de Deus é a Sua Divina Misericórdia para com todas as Suas criaturas. Todo o bem está em Deus, e somente nEle alguém pode ser bom. É por isso que, embora o mal pareça vencer no mundo, nunca prevalecerá, porque a bondade do Senhor dura para sempre. Poderá a maldade e a malícia humana acumularem males sobre males, mas a bondade de Deus em nada mudará. Jamais o mal vencerá, porque Deus é bom e saberá transformar o que é mal em bem. Em Jesus Cristo, Deus tira o bem até do mal, porque Deus-amor se entregou à morte de cruz por amor, por bondade pura. Que alívio para nós! Que consolo! Que força! O mal tem seus dias contados.

> *"Senhor, a Vossa bondade chega até os céus, Vossa fidelidade se eleva até as nuvens. Vossa justiça é semelhante às montanhas de Deus, Vossos juízos como as montanhas do mar. [...] Como é preciosa a Vossa bondade, ó Deus; à sombra de Vossas asas se refugiam os filhos dos homens. [...] Porque em Vós está a fonte da vida, e é em Vossa luz que vemos a luz" (Salmo 35).*

Vamos perceber hoje a bondade do nosso Deus dizendo muitas vezes: como Deus é bom! Deus é bom para mim! Porque Deus em mim é bondade, serei bondade em tudo o que eu fizer. Jesus, eu confio em Vós!

O louvor é a arma da vitória.

Luzia Santiago

Canção Nova

FOTOGRAFE E COMPARTILHE

O louvor é a arma da vitória

Em nossa vida, precisamos colocar tudo em oração. Não sabemos como agir nem o que é melhor para nós, e muitas vezes ficamos inseguros, indecisos e até deprimidos. Mas tudo muda quando dizemos ao Senhor que cremos em Seu amor por nós e em Sua misericórdia e permitimos que Ele nos conduza. Tenho feito a experiência de ouvir o Senhor em todas as situações. Quanta luz tem surgido nas situações mais difíceis de minha vida! Diante dos problemas, adotei a postura de louvar a Deus, porque o louvor abre as portas para a solução. Não nos deixemos conduzir pelo desânimo nem pela incredulidade, porque o Senhor está conosco.

"Fortalecei os corações, vós que ao Senhor vos confiais!" (Salmo 31,25).

Jesus, eu confio em Vós!

Preciso dar
às pessoas
o melhor de
mim, pois nelas
está Jesus.

Luzia Santiago

Canção Nova

FOTOGRAFE E COMPARTILHE

Eu estava doente e cuidaste de mim

Dizia Jesus:

"Quem der, ainda que seja apenas um copo de água fresca a um desses pequeninos, porque é meu discípulo, em verdade vos digo: não perderá sua recompensa" (Mateus 10,42).

Num outro momento, diz o Senhor: Eu estava doente e cuidaste de mim (cf. Mateus 25,36).

"Deus é claro na Sua vontade a nosso respeito; nós é que nos fazemos de surdos e cegos diante dos Seus apelos." São Camilo de Lélis tinha essas palavras gravadas em seu coração e com frequência as repetia para os seus irmãos, pois vivia inflamado pelo fogo da caridade, não só para com Deus, mas especialmente para com os pobres e doentes. Mantinha-se diante deles com muito respeito, como se estivesse realmente na presença do Senhor.

O Senhor concede-nos a mesma graça que concedeu aos santos, para que, assim como eles, despojemo-nos do nosso egoísmo e do comodismo, e caminhemos ao encontro uns dos outros, principalmente dos mais necessitados.

Hoje, se eu tenho uma pessoa enferma em minha casa, preciso dar-lhe amor e atenção, pois nela está Jesus. Hoje encontrarei pessoas para as quais precisarei dar o melhor de mim, pois nelas também está Jesus.

Ó Deus, que inspirastes em São Camilo de Lélis extraordinária caridade para com os enfermos, dai-nos o Vosso Espírito de amor, para que, servindo-Vos em nossos irmãos e irmãs, possamos partir tranquilos ao Vosso encontro na hora de nossa morte. Amém!

Jesus, eu confio em Vós!

No vazio da vida, uma esperança.

Luzia Santiago

Canção Nova

FOTOGRAFE E COMPARTILHE

No vazio da vida, uma esperança

"Em verdade, em verdade vos digo: haveis de lamentar e chorar, mas o mundo se há de alegrar. E haveis de estar tristes, mas a vossa tristeza se há de transformar em alegria."

Fiz questão de iniciar a mensagem de hoje com esse versículo do Evangelho, recordando-me de uma querida sócia que há pouco tempo escreveu-me sobre a história de sua vida e que estava de tal maneira imersa em tribulações e angústias que não conseguia enxergar a solução dos seus problemas.

O mais bonito de tudo é que, por meio dessa passagem do Evangelho, essa minha querida irmã foi descobrindo a presença real de Cristo em sua história, em especial nos momentos mais difíceis. Ela pôde fazer a experiência citada no Evangelho de passar do lamento à alegria, do choro ao gozo.

E ela terminou a carta testemunhando: "Lu, esperar em Deus é a mais recompensadora das decisões; senti e vivenciei isso nesse tempo."

O Papa São João Paulo II dizia: "Mesmo os momentos tenebrosos da vida obedecem a um desígnio divino que rege a história. Essa fé acende a chama da esperança. Por isso, nesta vida, ninguém deve se desesperar!"

Um Cristo no Céu, sem história, não causa um impacto em nossa história. Portanto, no dia de hoje, abracemos uma fé inabalável nesse Jesus que teve uma história de grandes sofrimentos e dor, mas viveu a experiência recompensadora de esperar no Pai. Ele quer nos tocar e causar impacto, conversão concreta e verdadeira. Alegremo-nos em todo tempo. Na adversidade, agradeçamos silenciando e confiando.

Jesus, eu confio em Vós!

A presença do Espírito Santo faz toda a diferença!

Luzia Santiago

Canção Nova

FOTOGRAFE E COMPARTILHE

Decidi fazer os outros felizes

Você já deve ter encontrado pessoas que lhe deixaram emocionado, não pela beleza exterior que possuem, mas por aquilo que são. Com Madre Teresa de Calcutá era assim. Eu mesma vivi essa experiência ao vê-la num Congresso em Roma. Também com Dom Ascona, Bispo da Ilha de Marajó, fiquei emocionada, ao vê-lo pregar para a Renovação Carismática. Não é o que essas pessoas falam, porque qualquer um poderia falar como elas, mas é a graça que elas despertam com a sua presença. Jesus disse:

"Quem crê em mim, do seu interior manarão rios de água viva" (João 7,38).

É a presença do Espírito Santo que faz a diferença! Essas pessoas deixam-se transformar do homem velho marcado pelo pecado, rebelde, orgulhoso, vaidoso, egoísta, no homem novo, cheio de santidade.

E nós, o que estamos fazendo para ser melhores? As pessoas saem mais felizes após nos verem? Quanto mais trabalhados e curados pelo Espírito Santo, mais felizes seremos, fazendo felizes os que vivem conosco. Eu decidi fazer os outros felizes. Vinde, Espírito Santo! Vinde me curar. Vinde, Espírito Santo, iluminai o meu interior e dai-me a graça de me deixar transformar!

Jesus, eu confio em Vós!

Nada façamos sem antes nos colocar em oração para conhecer a vontade de Deus.

Luzia Santiago

Canção Nova

FOTOGRAFE E COMPARTILHE

Rezar para saber o que Deus quer

Nós recebemos uma grande herança dos nossos pais na fé e precisamos preservá-la em todas as situações e em todos os momentos. Nada façamos sem antes nos colocar em oração para conhecer a vontade de Deus. São Pedro e os demais, ante a escolha de alguém para ocupar o lugar de Judas no Colégio Apostólico, usaram a arma da oração para que Deus se manifestasse:

"Então eles apresentaram dois homens: José, chamado Barsabás, que tinha o apelido de Justo, e Matias. Em seguida, fizeram esta oração: 'Senhor, tu conheces o coração de todos. Mostra-nos qual destes dois escolheste para ocupar, neste ministério e apostolado, o lugar que Judas abandonou para seguir o seu destino!' Então tiraram a sorte entre os dois. A sorte caiu em Matias, o qual foi juntado ao número dos onze apóstolos" (Atos 1,23-26).

Pedro poderia ter escolhido pelas aparências, mas apelou ao Senhor, que conhece todas as coisas. O seu testemunho impele-nos a agir da mesma forma: antes de fazer qualquer coisa, rezarmos para conhecer qual é a vontade de Deus.

Reine em nós neste dia a Vossa vontade, Senhor!

Jesus, eu confio em Vós!

Senhor,
dai-nos um
coração simples
como o de uma
criança, que
confia em seu pai
sem reservas.

Luzia Santiago

Canção Nova

FOTOGRAFE E COMPARTILHE

Simples como crianças

Às vezes, nós partilhamos vida, dificuldades, medos e fraquezas com tantas pessoas, mas nos esquecemos de partilhar com a pessoa certa, que pode nos ajudar a superar tudo isso: Jesus Cristo.

O Senhor está pronto para nos atender e atento à voz da nossa súplica.

"Humildes, vede isto e alegrai-vos: o vosso coração reviverá, se procurardes o Senhor continuamente! Pois nosso Deus atende à prece dos seus pobres, e não despreza o clamor de seus cativos" (Salmo 68,33-34).

Quando temos a coragem de nos colocar como pobres e necessitados na presença do Senhor, imediatamente Ele nos envia o Seu socorro.

Coloquemo-nos, hoje, humildemente, na presença de Jesus, e derramemos nosso coração diante Dele. Fiquemos atentos, porque a tentação quer nos convencer de que Deus não se importa com o que vivemos.

Rezemos: "Senhor, dai-nos um coração simples como o de uma criança, que confia no seu pai sem reservas. Derramai sobre nós o Espírito Santo de coragem."

Jesus, eu confio em Vós!

Deixemo-nos guiar somente pela palavra de Deus, que tudo transforma.

Luzia Santiago

Canção Nova

FOTOGRAFE E COMPARTILHE

Amar sem medidas

"Tudo o que quereis que os homens vos façam, fazei-o vós a eles" (Mateus 7,12).

Deus nos conhece, nos ama e nos quer ver felizes. Ele nos mostra o ponto de partida para chegarmos à caridade desinteressada. Ensina-nos o amor sem medidas, conforme Ele nos amou. Essa é a única forma de vermos mudado este mundo e vencermos o egoísmo que nos impede de ser felizes e fazer felizes as outras pessoas.

Hoje, evitemos fazer o mal que não suportaríamos que fosse feito a nós. Deixemo-nos guiar somente pela Palavra de Deus, que tudo transforma, e façamos o bem a todos, sem olhar a quem.

"A caridade é paciente, a caridade é bondosa. Não tem inveja. A caridade não é orgulhosa. Não é arrogante. Nem escandalosa. Não busca os seus próprios interesses, não se irrita, não guarda rancor, não se alegra com a injustiça, mas se rejubila com a verdade. Tudo desculpa. Tudo crê. Tudo espera. Tudo suporta. A caridade jamais acabará" (1Coríntios 13,4-7).

Eu submeto minha mente ao domínio da mente de Cristo. Eu submeto toda a minha carne ao total controle do Espírito Santo. Eu submeto toda a minha vida aos planos do Pai.

Jesus, eu confio em Vós!

Quando nos fechamos em nós mesmos, perdemos o valor da vida.

Luzia Santiago

Canção Nova

FOTOGRAFE E COMPARTILHE

Inveja e ciúme

A misericórdia de Deus ultrapassa toda a maldade humana. A Bíblia nos conta o fato de Caim ter matado o seu irmão Abel por ciúme e inveja.

Deus, que conhece as intenções do coração humano, pergunta a Caim: "Por que está cheio de cólera e andas com o rosto abatido? É verdade que, se fizeres o bem, andarás de cabeça erguida; mas se fizeres o mal, o pecado estará à porta, espreitando-te. Tu, porém, poderá dominá-lo" (Gênesis 4,6-7). Mas Caim não deu ouvidos à voz de Deus. Logo que chegaram ao campo, atirou-se sobre o seu irmão Abel e matou-o. O Senhor ainda lhe perguntou: "Onde está o teu irmão?" Ele respondeu: "Não sei. Acaso sou o guarda do meu irmão?" Caim, embora cheio de si mesmo, não é abandonado por Deus, pois a bondade do Senhor supera toda fraqueza humana, e a Sua misericórdia busca sempre um modo de nos salvar.

Quando nos fechamos em nós mesmos, perdemos de vista o valor da vida do outro. Deus nos livre de tal egoísmo! Diante do Senhor, cada pessoa tem o seu valor. Lancemos fora neste dia toda e qualquer comparação com os outros. Fujamos da cólera, do mau humor, do rosto abatido. Deixemos de lado: ciúme, rivalidade, inveja ou despeito de quem quer que seja, pois o amor e a bondade de Deus nos atingem com a sua bênção. Sejamos a bênção de Deus uns para os outros!

Jesus, eu confio em Vós!

Misericórdia
é o amor que
se inclina sobre
os miseráveis
para aliviá-los
e curá-los.

Luzia Santiago

Canção Nova

FOTOGRAFE E COMPARTILHE

A misericórdia é maior que o erro

"Renuncie o malvado a seu comportamento, [...] volte ao Senhor, que dele terá piedade, e a nosso Deus, que perdoa generosamente" (Isaías 55,7).

Misericórdia é o amor que se inclina sobre os miseráveis para aliviá-los e curá-los.

"Como tem o pai compaixão dos filhos, assim se compadece o Senhor dos que o temem, porque sabe do que somos feitos, lembra-se de que somos pó" (Salmo 102,13-14).

Nunca podemos esquecer: Deus odeia o pecado, mas ama o pecador. Quando qualquer um de nós se arrepende do seu mau procedimento, retratando-se, não demorará para que Deus nos abrace, com um amor ainda maior (lembremos o filho pródigo). Da mesma forma, não podemos nos esquecer do que o Senhor diz a Jerusalém: "Por breve instante eu te havia abandonado, mas com profunda afeição te recebo de novo. Num acesso de cólera ocultei de ti minha face; mas, no meu eterno amor, tenho compaixão de ti" (Isaías 54,7-8).

É tão grande a misericórdia de Deus, que pecado algum é capaz de ofuscar a Sua bondade para com o pecador. Imitemos a Deus. A medida da nossa misericórdia para com o próximo precisa assemelhar-se à medida da Divina Misericórdia para conosco.

Entreguemo-nos ao Senhor e ao fogo do Espírito Santo, que tudo purifica. Em tudo imitemos a bondade e misericórdia do Pai do Céu!

Senhor, dai-nos a graça de seguir Vossos passos.

Jesus, eu confio em Vós!

Somente a
verdade faz
de nós homens
e mulheres
verdadeiramente
livres.

Luzia Santiago

Canção Nova

FOTOGRAFE E COMPARTILHE

Escolher sempre a verdade

Nós recebemos um número tão grande de informações, e de maneira tão rápida, que, se não estivermos atentos, ficaremos impregnados por uma mentalidade totalmente distorcida, a ponto de trocarmos a verdade de Deus pela mentira do mundo, sem percebermos. O próprio Jesus ora ao Pai, dizendo: "Não te peço que os tires do mundo, mas que os guardes do maligno. Eles não são do mundo, como Eu não sou do mundo. Santifica-os pela verdade; a tua palavra é a verdade" (João 17,15-17).

Significa dizer que nós precisamos ser cheios do Espírito Santo. Só Ele nos levará a discernir e caminhar segundo a verdade de Deus:

"Santifica-os pela verdade; a tua palavra é a verdade" (João 17,17).

A grande preocupação do coração de Jesus é que permaneçamos na verdade, porque somente a verdade faz de nós homens e mulheres verdadeiramente livres: "Conhecereis a verdade e a verdade vos libertará" (João 8,32).

Peçamos ao Senhor que derrame sobre nós o Seu Santo Espírito, para que não nos desviemos dos Seus caminhos.

Vinde, Espírito Santo, e nos conduzi nas situações e nos acontecimentos deste dia. Livrai-nos do erro para que não nos desviemos da vontade de Deus.

Jesus, eu confio em Vós!

Quanto
mais nos
aproximamos
de Deus, tanto
mais livres e
autênticos nos
tornaremos.

Luzia Santiago

Canção Nova

FOTOGRAFE E COMPARTILHE

Verdadeiramente livres

A maior sede da pessoa humana é sentir-se livre. Foi para isso que o Senhor nos criou: para a liberdade. Tanto é verdade, que Santo Irineu afirmou: "O homem livre é a glória de Deus."

É penoso constatar como o sentido da liberdade tem sido tão deturpado. Temos nos tornado escravos de tantas coisas. Muitas pessoas têm perdido, inclusive, o gosto pela vida.

Ser livre é ser de Deus, é deixar-se conduzir pelo Espírito de Deus, porque "onde está o Espírito do Senhor, aí há liberdade" (2Coríntios 3,17).

Quanto mais nos aproximarmos de Deus, tanto mais livres e autênticos nos tornaremos. Só poderemos experimentar essa graça se abraçarmos a verdade de Deus e desprezarmos a mentira do mundo:

"Conhecereis a verdade e a verdade vos libertará" (João 8,32).

Jesus não sente prazer em nos ver aprisionados pelas dívidas, pela depressão, pelo medo, pela mágoa, pelo ressentimento, pelo ódio, pela vingança e por tantos outros sentimentos negativos.

"É sentida por demais pelo Senhor a morte de seus santos, seus amigos. Eis que sou vosso servo que nasceu de vossa serva; mas me quebrastes os grilhões da escravidão" (Salmo 115,6).

Invoquemos, com confiança e de todo o coração, o nome de Jesus, em meio à situação em que nos encontramos. Até mesmo com o sopro da nossa respiração, digamos: Jesus, Jesus, Jesus, Jesus, Jesus, Jesus, Jesus...

Jesus, eu confio em Vós!

As murmurações prejudicam o aperfeiçoamento no amor.

Luzia Santiago

Canção Nova

FOTOGRAFE E COMPARTILHE

Não obrigue ninguém a viver como você

O respeito para com o outro é muito importante aos olhos de Deus. E é isto o que Jesus ensina a Santa Teresa D'Ávila:

"Quero que prestes muita atenção, a fim de que o demônio e tua fraca inteligência não te façam obrigar outras pessoas a viver como tu vives."

O que nós vivemos em nossa conversão e busca de santidade não deve, de maneira nenhuma, ser norma para quem caminha ao nosso lado. O que é uma inspiração interior para mim não precisa ser para o outro. Se for impelida a fazer uma espécie de sacrifício ou jejum, eu não devo ficar julgando alguém que não faça o mesmo. Normalmente, as murmurações prejudicam o aperfeiçoamento no amor.

Vamos respeitar os passos que cada pessoa é capaz de dar. Sejamos compreensivos com o caminho de cada um! Tomemos cuidado para que o demônio não nos engane no julgamento de alguém, julgamento esse que pode ser camuflado de amor fraterno.

Deus é por nós!

Peçamos ao Espírito Santo o dom da sabedoria e do discernimento no trato com as pessoas.

Jesus, eu confio em Vós!

A sabedoria consiste em não fazermos nada sozinhos, mas com Jesus.

Luzia Santiago

Canção Nova

FOTOGRAFE E COMPARTILHE

Você tem sonhos?

Muitas vezes, ao longo da caminhada, por causa de "coisinhas", facilmente desanimamos e abandonamos nossos propósitos. Mas precisamos recomeçar e pedir auxílio ao Senhor. O Senhor vai a nossa frente garantindo-nos a vitória. Todo homem tem um ideal, um sonho para realizar, e é preciso perseverar, mesmo que isso pareça difícil.

> *"Viver sem uma fé, sem um patrimônio para defender,*
> *sem sustentar a verdade numa luta contínua, não é viver,*
> *mas fingir que se vive" (Pier Giorgio Frassati).*

A sabedoria consiste em não fazermos nada sozinhos, mas com Jesus, para não desanimarmos. Na vida cotidiana, em tudo o que formos realizar, precisamos convidar Jesus para que aja conosco: no trabalho, nos relacionamentos, em casa com o esposo, com a esposa, com os filhos, com os amigos, nas dificuldades, nos empreendimentos. Que Ele nos indique o caminho certo por onde devemos andar.

Se permanecermos firmes em Jesus, aconteça o que acontecer, podemos até balançar, mas não cairemos.

Jesus, eu confio em Vós!

Abramo-nos
à vida nova!
Abramo-nos
ao amor!

Luzia Santiago

Canção Nova

FOTOGRAFE E COMPARTILHE

Da solidão ao encontro que salva

O convite que hoje nos impulsiona é deixar que o Espírito Santo nos mostre o que tem acontecido em nossa vida que não nos edifica: amarguras, irritação, cólera, gritaria, injúrias, reclamações.

A própria Palavra nos exorta: "Tudo isso deve desaparecer do meio de vós" (Efésios 4,31).

Como Santo Agostinho, em vez de desanimar, se lance no mar da confiança em Deus:

"Aterrorizado com os meus pecados e com o peso da minha miséria, tenho tomado em meu coração o projeto de fugir para a solidão. Mas Tu me impediste e me fortaleceste, dizendo: 'Cristo morreu por todos, a fim de que aqueles que vivem não vivam mais para si, mas para aquele que morreu por eles.' Eis-me, Senhor, eu confio a Ti os meus cuidados para poder viver, e contemplarei as maravilhas da Tua lei. Conheces a minha inexperiência e a minha fraqueza. Ensina-me e cura-me. Louvarão o Senhor aqueles que o buscam."

Abramo-nos à vida nova! Abramo-nos ao amor!

Jesus, eu confio em Vós!

Senhor,
ensinai-me a
aceitar os
sofrimentos desta
vida em total
conformidade com
a Vossa santa
vontade.

Luzia Santiago

Canção Nova

FOTOGRAFE E COMPARTILHE

E quando chegar a doença?

Impressionante exemplo de conformidade com a vontade de Deus na doença temos na pessoa de Jó, um santo homem. Ao perder os bens e a família, Jó exclamou:

> *"O Senhor deu, o Senhor tirou; bendito seja o nome do Senhor" (Jó 1,21).*

A Igreja tem um sacramento especial para os que se encontram doentes: a Unção dos Enfermos. O Senhor diz: "Está alguém doente entre vós? Chame os sacerdotes da Igreja, e estes façam oração sobre o doente, ungindo-o com óleo, em nome do Senhor. E a oração da fé salvará o doente, e o Senhor o aliviará. E se estiver em pecado, ser-lhe-ão perdoados" (Tiago 5,14-15).

Essa receita do Médico dos Médicos é para pobres e ricos e, graças a Deus, não nos custa dinheiro, somente fé. Vamos praticá-la quando necessário e ajudar os da nossa família e os do nosso convívio a usufruir desse direito que todo filho de Deus possui. Não adiemos para amanhã o que podemos fazer hoje.

Meu Senhor Sacramentado, eu Vos adoro com profundo respeito e quero viver sempre com Vosso Amor. Não consigo compreender Vossos desígnios, mas ensinai-me a aceitar os sofrimentos e as provações desta vida, em total conformidade à Vossa Santa vontade.

Jesus, eu confio em Vós!

Sejamos luzes na escuridão e sinais de esperança na vida das pessoas.

Luzia Santiago

Canção Nova

FOTOGRAFE E COMPARTILHE

Tudo na vida precisa de tempero

Jesus chama-nos para subir ao monte, sentar e ouvir a Sua Palavra. No Sermão da Montanha, Ele nos diz: "Vós sois o sal da terra; vós sois a luz do mundo" (Mateus 5,13-14).

É o próprio Jesus que é o sal e a luz; Nele nos tornamos luz e sal para o mundo.

Tudo na vida precisa de tempero, de sabor. É assim que nós, cristãos, precisamos viver: dando sabor à vida dos que nos cercam; esse é o nosso diferencial.

Jesus constituiu-nos tempero para este mundo. Somos nós que vamos fazer a diferença na qualidade de vida dos nossos irmãos neste dia. Vamos pôr gosto no que fizermos e realizarmos.

Onde quer que nos encontremos, vamos dar sentido à nossa vida e à vida dos outros. Sejamos luzes na escuridão e sinais de esperança para os que estão desanimados e não encontram mais razão para viver.

Em tudo o que fizermos, sejamos exemplos para os outros. Rezemos com o salmista: "O Senhor é a minha luz e salvação" (Salmo 26).

Jesus, eu confio em Vós!

Uma simples atitude inspirada pelo Espírito Santo pode realizar milagres.

Luzia Santiago

Canção Nova

FOTOGRAFE E COMPARTILHE

Palavras que transformam

"Feliz é quem fala conforme o Espírito Santo lhe inspira e não conforme suas ideias"(Santo Antônio).

A fidelidade à unção do Espírito Santo e à Palavra de Deus, que conduz todos os nossos atos à vontade Divina, é o que deve predominar em nossas palavras.

Portanto, irmãos, peçamos a graça de neste dia testemunhar nossa fé em Jesus, com a força de nossos gestos concretos de amor, humildade, paciência e obediência. Uma simples atitude inspirada pelo Espírito Santo pode realizar aquele milagre que há tanto tempo esperamos receber. Quem sabe seu esposo, sua esposa, ou mesmo aquele familiar enfermo ou necessitado de alguma cura, um amigo ou vizinho, esteja esperando uma palavra sua de bênção, um abraço, um beijo, um "eu te amo", ou mesmo um pequeno mas significante gesto de carinho e amizade.

Hoje poderemos transformar tudo ao nosso redor se nos deixarmos conduzir pela unção do Espírito Santo e fizermos com que as palavras por nós muitas vezes proferidas tornem-se atitudes de amor.

"Que sejamos repletos de um profundo espírito de contrição e nos inflamemos com essas línguas de fogo que são os louvores divinos" (Santo Antônio de Pádua).

Jesus, eu confio em Vós!

Só temos o agora.

Luzia Santiago

Canção Nova

FOTOGRAFE E COMPARTILHE

Só temos o agora

Estamos num tempo favorável: o Tempo da Misericórdia. São Paulo nos fala:

"Irmãos, como colaboradores de Cristo, nós vos exortamos a não receberdes em vão a graça de Deus, pois Ele diz: 'No momento favorável, eu te ouvi e no dia da salvação, eu te socorri.' É agora o momento favorável, é agora o momento da salvação" (2Coríntios 6,1-2).

É agora, neste exato momento, que o Senhor está dizendo a nós: "Volta para junto de Mim, porque Eu sou o teu Deus. Deixa-te cuidar por Mim; abandona o que está destruindo a tua vida, tirando a tua paz e a tua alegria, e rende-te à Minha Misericórdia, que se derrama copiosamente por ti."

Esse é o apelo de Jesus, que continua batendo, sem se cansar, na porta do nosso coração até que a abramos. O Senhor espera uma decisão da nossa parte, porque Ele sente saudade de nós.

Temos coragem de dar passos para progredir na vida. Por que não abrirmos a porta do coração e entregarmos as rédeas da nossa vida nas mãos de um Deus apaixonado por nós?

É o desafio ao qual estamos sendo submetidos hoje: abramo-nos ao amor de Deus. Comecemos rezando durante todo o dia este ato de confiança: Jesus, eu confio em Vós!

Todas as nossas ações devem brotar da generosidade.

Canção Nova

FOTOGRAFE E COMPARTILHE

Colheremos o que plantarmos

"Irmãos, quem semeia pouco colherá também pouco e quem semeia com largueza colherá também com largueza. Dê cada um conforme tiver decidido em seu coração, sem pesar nem constrangimento; pois Deus ama quem dá com alegria" (2Coríntios 9,6-7).

A nossa tendência é a de só querer receber, guardar, reter. Achamos que isso nos dá segurança, mas a lógica do Reino de Deus é outra: "É dando que se recebe, é perdoando que se é perdoado."

Quando fazemos a experiência de repartir o que temos, a graça de Deus jorra em abundância.

"Deus é poderoso para vos cumular de toda sorte de graças, para que, em tudo, tenhais sempre o necessário e ainda tenhais de sobra para toda obra boa, como está escrito: 'Distribuiu generosamente, deu aos pobres; a sua justiça permanece para sempre'" (2Coríntios 9,8-9).

Todas as nossas ações devem brotar da generosidade. Devem ser feitas com sinceridade e gratuidade. Hoje, com certeza, o Senhor nos concederá passar por várias situações para nos exercitar na caridade. Fiquemos atentos.

Vinde, Espírito Santo, e inspirai-nos boas ações ao longo deste dia.

Jesus, eu confio em Vós!

Só Deus não decepciona.

Canção Nova

FOTOGRAFE E COMPARTILHE

Deus não decepciona

Peçamos a Deus a sabedoria de abraçar somente as coisas que não passam.

"Não junteis tesouros aqui na terra, onde a traça e a ferrugem destroem, e os ladrões assaltam e roubam. Ao contrário, juntai para vós tesouros no céu, onde nem a traça e a ferrugem destroem, nem os ladrões assaltam e roubam. Porque onde está o teu tesouro, aí está também o teu coração" (Mateus 6,19-21).

O Senhor é a nossa única segurança; é Nele que precisamos depositar nossa confiança.

"Provai e vede como o Senhor é bom. Feliz o homem que se refugia junto Dele" (Salmo 33,9).

Ninguém que confia no Senhor fica decepcionado. Rezemos com muita sinceridade de coração: Jesus, eu confio em Vós!

Em todos os momentos o Senhor está conosco.

Luzia Santiago

Canção Nova

FOTOGRAFE E COMPARTILHE

Consolação em Cristo

Há momentos em que temos a nítida sensação de que estamos sozinhos, sem ter com quem contar. Todavia, a Palavra de Deus nos assegura: em todos os momentos o Senhor está conosco.

"Bendito seja Deus, o Pai de nosso Senhor Jesus Cristo, o Pai das misericórdias e Deus de toda consolação. Ele nos consola em todas as nossas aflições, para que, com a consolação que nós mesmos recebemos de Deus, possamos consolar os que se acham em toda e qualquer aflição. Pois, à medida que os sofrimentos de Cristo crescem para nós, cresce também a nossa consolação por Cristo" (2Coríntios 1,3-5).

Não basta saber que o Senhor está conosco em todos os momentos, pois também nós precisamos estar com Ele em todos os momentos. Ele está presente em cada detalhe da nossa vida, mesmo na menor das nossas ações do dia. Estejamos com Ele em tudo e até mesmo nas coisas aparentemente insignificantes. Ele se dá a nós totalmente a cada segundo, e não temos razão de achar que estamos sozinhos.

Fiquemos abertos a Jesus a cada instante e seremos enriquecidos pelo dom de Sua presença. O menor momento terá um imenso valor. Vivamos hoje uma permanente comunhão com Nosso Senhor.

Rezemos com o salmista: "Comigo engrandecei ao Senhor Deus, exaltemos todos juntos o seu nome! Todas as vezes que o busquei, Ele me ouviu, e de todos os temores me livrou" (Salmo 33,3-5). Como Deus é bom!

Jesus, eu confio em Vós!

É o Senhor
que vence o
medo e todos
os inimigos.

Luzia Santiago

Canção Nova

FOTOGRAFE E COMPARTILHE

O medo: inimigo a ser vencido

Moisés disse ao povo: "Não temais! Permanecei firmes, e vereis o que o Senhor fará hoje para vos salvar [...] O Senhor combaterá por vós, e vós ficais tranquilos. O Senhor disse a Moisés: [...] Dize aos filhos de Israel que se ponham a caminho" (Êxodo 14,13-15).

"Ponham-se em marcha..." Isto é: não parem no problema. Caminhem. Não se deixem paralisar no medo e nas ameaças do inimigo. Lembremos: o medo é um grande inimigo. Ele se aloja no mais íntimo do nosso ser e, quando vem à consciência, é impossível reprimi-lo. Porém, é o Senhor quem vence o medo e todos os inimigos. "Caiam mil homens à tua esquerda e dez mil à tua direita: tu não serás atingido [...] Porque o Senhor é teu refúgio" (Salmo 90,7.9).

Deus se põe em ação por nós, mas devemos fazer nossa parte.

Em vez de ficarmos nos queixando, murmurando nas dificuldades, sejamos gratos, ajamos com valentia. Levemos no coração e nos lábios os louvores de Deus:

> *"Ao Senhor quero cantar, pois fez brilhar a Sua glória: precipitou no mar o cavalo e o cavaleiro! O Senhor é a minha força, é a razão do meu cantar, pois foi Ele neste dia para mim libertação! Ele é o meu Deus e o louvarei, Deus de meu pai e o honrarei!" (Êxodo 15,1-2).*

Hoje proclamemos nossa fé no Senhor, mesmo sentindo-nos ameaçados. Coloquemo-nos em marcha, encorajando os que caminham conosco.

Jesus, eu confio em Vós!

Por que não acelerar o perdão hoje? Com certeza alguém espera por esse ato do amor divino em nós.

Luzia Santiago

Canção Nova

FOTOGRAFE E COMPARTILHE

À espera de perdão

Inicio o dia com uma frase que está gravada em meu coração: o perdão é a prova do meu amor para com o outro! Conceder o perdão é reconhecer a pessoa do próprio Cristo no outro e a sua dignidade de Filho de Deus.

"Não se ponha o sol sobre o vosso ressentimento" (Efésios 4,26b).

Não somos capazes de imaginar o mal que a falta de perdão gera. Infelizmente, acabamos guardando dentro de nós o mal que as pessoas nos fazem.

"O ressentimento é como uma ferrugem que vai nos corroendo aos poucos e, quando percebemos, já fomos tomados por ela. Porém, quando perdoamos, Deus mesmo preenche nosso coração com Seu amor e passamos a experimentar a paz com que tanto sonhamos." (Monsenhor Jonas Abib)

Por que não acelerar o perdão hoje? Com certeza alguém espera por esse ato do amor divino em nós.

Peço perdão a você e, com toda a humildade, lhe perdoo de coração. O amor de Cristo nos uniu. Agora podemos orar juntos: Jesus, nós confiamos em Vós! Tende piedade de nós e do mundo inteiro!

Deixemo-nos iluminar pela luz de Cristo!

Canção Nova

FOTOGRAFE E COMPARTILHE

Paralisia espiritual?

Toda a vida humana é alimentada pelo perdão de Deus. Pelo Sacramento do Batismo, Deus apaga em nós as marcas do pecado original, e no decorrer de nossa vida, até o momento de nossa morte, somos alimentados pelo perdão de Deus. É pela bondade divina que nós, como Seus filhos, aprendemos a ter um coração como o Seu. "Sede misericordiosos, como é misericordioso o vosso Pai. [...] Perdoai e vos será perdoado [...] com a medida com que medirdes sereis medidos" (Lucas 6,36-38). O nosso perdão não é completo se não visar a esquecer o mal que o outro cometeu contra nós.

"Sede benévolos uns com os outros, misericordiosos, perdoando-vos mutuamente como vos perdoou Deus em Cristo" (Efésios 4,32).

Quem não se exercita em perdoar e em pedir perdão vai ficando paralisado na vida espiritual e se torna um chato ranzinza. Sejamos generosos no amor e andemos com passos largos na caridade, pois com ela vêm todos os outros frutos do Espírito, entre eles a alegria e a paz. Deixemo-nos iluminar pela luz de Cristo!

Jesus, eu confio em Vós!

O perdão destrói a mágoa e a dor.

Luzia Santiago

Canção Nova

Perdoar 70 x 7

Todos nós somos pecadores: "Se dizemos que não temos pecado, enganamo-nos a nós mesmos, e a verdade não está em nós. Se reconhecemos os nossos pecados, (Deus aí está) fiel e justo para nos perdoar os pecados e para nos purificar de toda iniquidade. Se pensamos não ter pecado, nós O declaramos mentiroso e a Sua palavra não está em nós" (1João 1,8-10). Os pecados são um peso ao nosso coração e tristeza ao nosso semblante!

É muito difícil perdoar. Nós não sabemos fazê-lo. Frequentemente ouvimos alguém dizer: "Eu perdoo, mas não esqueço." O perdão destrói a mágoa e a dor, mas não a memória. Não é uma pílula mágica para aniquilar a memória. Nós perdoamos, mas, ainda assim, recordamos. Contudo, recordamos de um jeito diferente, não como antes.

Enquanto não perdoarmos, as memórias serão amargas; elas nos trarão ira e tristeza, ao passo que, se perdoarmos, poderemos nos recordar de tudo sem ira nem sentimentos amargos. Haverá, inclusive, uma esperança com as memórias e uma profunda gratidão a Deus, por nos ter libertado da escravidão daquela mágoa. Na verdade, sabemos que realmente perdoamos alguém quando somos capazes de amá-lo.

O Papa São João Paulo II dizia: "Recordar, não para nutrir sentimentos de ódio e vingança, mas recordar para que agora e no futuro possamos amar mais; recordar que temos um Deus que nos ama e nos liberta de todo mal."

"Por amor do Vosso nome, Senhor, perdoai meu pecado, por maior que seja" (Salmo 24,11).

Jesus, eu confio em Vós!

A misericórdia não se cansa jamais.

Luzia Santiago

Canção Nova

FOTOGRAFE E COMPARTILHE

A misericórdia não se cansa jamais

Com muita insistência, Jesus disse a Santa Faustina: "Oh! Se os pecadores conhecessem a Minha misericórdia, não se perderiam em tão grande número! Diz às almas pecadoras que não temam aproximar-se de Mim, fala da Minha grande misericórdia."

A Misericórdia Divina não se cansa de bater à nossa porta. O Senhor é bondoso e paciente conosco. Ele nos convida a ser da mesma forma com as pessoas que nos rodeiam:

> *"Irmãos, vós sois amados por Deus, sois os seus santos eleitos. Por isso, revesti-vos de sincera misericórdia, bondade, humildade, mansidão e paciência, suportando-vos uns aos outros e perdoando-vos mutuamente, se um tiver queixa contra o outro. Como o Senhor vos perdoou, assim perdoai vós também. Mas, sobretudo, amai-vos uns aos outros, pois o amor é o vínculo da perfeição"* (Colossenses 3,12-14).

Deus não faz acepção de pessoas. Seu amor abraça toda criatura: boa e má. Contudo, nossa tendência humana é sermos próximos dos que nos aprovam e comungam com as nossas ideias. Os diferentes de nós logo excluímos, por não se encaixarem em nossos padrões humanos. Tomemos por modelo o Pai do Céu: "Sede misericordiosos, como também o vosso Pai é misericordioso" (Lucas 6,36).

No dia de hoje, exercitemos a misericórdia. Que todos, ao virem ao nosso encontro, sintam-se livres para expressar sua verdade e sejam, assim, acolhidos.

Jesus, eu confio em Vós!

Eu tenho valor!

Canção Nova

FOTOGRAFE E COMPARTILHE

Eu tenho valor!

O que se passa com a pessoa que deu seu sim a Deus? Deus a faz encontrar sua própria riqueza!

Desde que nascemos, temos ouvido muitas coisas que nos marcaram. Quantas expressões "malditas" a nosso respeito já tivemos de ouvir; tantas rejeições que roubaram a oportunidade de nos conhecermos tal qual Deus nos criou. Só depois de passar pela experiência do encontro pessoal com Jesus é que começamos a nos aceitar e a perceber que temos muitas riquezas. É nossa conversão como filhos de Deus, escolhidos e desejados.

"Pelo fato de valeres muito aos meus olhos, de teres peso e de eu te amar; dou, pois, homens em troca de ti, populações em troca de tua pessoa" (Isaías 43,4).

A Igreja defende de maneira muito clara a dignidade e o valor da pessoa humana: "O homem é chamado a uma plenitude de vida que se estende para além das dimensões da sua existência terrena, porque consiste na participação da própria vida de Deus. Precisamente por causa do mistério do Verbo que se fez carne (cf. João 1,14), cada homem é confiado à solicitude materna da Igreja. Por isso, qualquer ameaça à dignidade e à vida do homem não pode deixar de se repercutir no próprio coração da Igreja..." (*Evangelium vitae*, 2,3).

Sendo gratos e generosos a Deus pelo dom da vida, e à Igreja por tão zelosa dedicação à incorruptibilidade da vida humana, vivamos neste dia a experiência do encontro com aquele que nos ama de maneira pessoal e única.

Jesus, eu confio em Vós!

Ninguém foi criado por Deus para ser infeliz.

Luzia Santiago

Canção Nova

FOTOGRAFE E COMPARTILHE

Você tem valor!

Se observarmos bem sutilmente, no dia a dia, diante das lutas e dificuldades, nos firmamos bastante em frases negativas: eu não posso; eu não consigo; nada dá certo em minha vida; sou um azarado; não tenho sorte; eu nasci para ser infeliz; sou feio; sou burro...

Precisamos adotar, a partir de hoje, uma nova postura e uma nova linguagem diante das situações. É importante que, em tudo, demos graças a Deus. Se perceber em mim generosidade, devo agradecer a Deus; se conseguir ser fiel, devo agradecer a Deus; se me empenhar no trabalho e me esforçar, louvo o meu Deus; se for servo, se for paciente, se souber ouvir e acolher as pessoas, devo tudo a Ele. É pelo exercício de nossas qualidades que o Senhor vai trabalhando em nossa transformação.

Quanto mais nos aproximarmos de Deus-amor, mais aumentaremos nossa autoestima, pois perceberemos o quanto somos estimados por Ele e o quanto Ele nos ama.

> *"Pelo fato de valeres muito aos meus olhos, de teres peso e de eu te amar; dou, pois, homens em troca de ti, populações em troca da tua pessoa" (Isaías 43,4).*

Ninguém foi criado por Deus para ser infeliz. Só poderemos experimentar essa verdade quando abrirmos o coração para o amor de Deus. O dia que temos para fazer essa experiência é hoje, e não podemos deixá-lo passar.

Peçamos essa graça ao Senhor: "Eu quero, Senhor, experimentar-Vos hoje em minha vida, e abro as portas do meu coração para que façais uma obra nova."

Jesus, eu confio em Vós!

É em nossa fraqueza que Deus manifesta a Sua força.

Luzia Santiago

Canção Nova

FOTOGRAFE E COMPARTILHE

Deus conhece-me como sou

Cada um de nós tem uma missão que nos foi confiada por Deus, e é importante que tomemos consciência dessa realidade, assumindo Sua vontade a nosso respeito. Na verdade, muitas vezes, desacreditamos a escolha de Deus porque ficamos presos ao peso das nossas fraquezas e falhas, e caímos no desânimo. Fixemos nosso olhar em Jesus.

Os apóstolos testemunhavam:

"Graças à fé no Nome de Jesus, este nome acaba de fortalecer este homem que vedes e reconheceis. A fé que vem por meio de Jesus lhe deu perfeita saúde na presença de todos vós" (Atos 3,16).

Lembremos:

O Senhor chamou-nos como somos. Entreguemo-nos a Ele e confiemos. Nossas limitações não são empecilhos para a Sua graça agir; muito pelo contrário: é em nossa fraqueza que Deus manifesta a Sua força.

Deixemo-nos curar por Jesus de todas as paralisias que nos impedem de realizar com firmeza, determinação e eficácia a missão que Ele nos confiou.

Jesus, eu confio em Vós!

É preciso permanecermos firmes na fé, porque, se fraquejarmos, seremos vencidos.

Luzia Santiago

Canção Nova

Coragem, sou Eu. Não tenhais medo!

"Jesus, porém, logo lhes disse: 'Coragem! Sou Eu. Não tenhais medo!'"(Mateus 14,27).

Quantas vezes Jesus teve que encorajar os Seus apóstolos?

"Homem fraco na fé, por que duvidaste?" (Mateus 14,31).

Jesus foi, aos poucos, revelando aos olhos dos discípulos a Sua divindade e o Seu poder sobre as forças do mal.

É assim que Ele continua a fazer na vida dos que são Seus. Ele nos chama em meio às turbulências do cotidiano e nos faz caminhar acima dos sofrimentos, entre ventos e tempestades. É preciso permanecermos firmes na fé, porque, se fraquejarmos, seremos vencidos.

Nas horas mais drásticas, gritemos como Pedro: "Salva-nos, Senhor!" (Mateus 14,30).

"Não vos sobreveio tentação alguma que ultrapassasse as forças humanas. Deus é fiel: não permitirá que sejais tentados além das vossas forças, mas com a tentação Ele vos dará os meios de suportá-la e sairdes dela" (1Coríntios 10,13).

Só podemos agradecer a Deus pelos Seus benefícios em nosso favor, enchermo-nos de coragem e dizer: Jesus, eu confio em Vós!

Permitamos que Jesus fale hoje ao nosso coração.

Luzia Santiago

Canção Nova

FOTOGRAFE E COMPARTILHE

Paz e alegria em meio aos afazeres

Que pode haver de melhor, de mais profundo, do que estar com Deus, conformar-se a Ele e à Sua vontade?

O segredo para a vitória no dia a dia é o cultivo de um coração sempre orante como o de Jesus, que sempre subia ao monte para orar, na intimidade com o Pai. A única maneira de vencermos a ação do mal é sermos como Jesus: íntimos do Pai.

A ordem do Pai para nós no dia de hoje é esta:

"Este é o meu filho bem amado. Escutai o que Ele diz" (Marcos 9,7b).

Não é mais hora de perdermos tempo com os falatórios vãos e negativos, que não acrescentam nada à nossa vida. Permitamos que Jesus fale hoje ao nosso coração. Quando ouvirmos e seguirmos Sua voz, o mundo ao nosso redor poderá cair, mas não deixaremos de acreditar que Ele está no barco da nossa vida.

Em meio às lutas do dia a dia, com confiança, subiremos ao monte e seremos transfigurados como Jesus; e, ao descer, bem dispostos continuaremos caminhando, estendendo as mãos a tantas pessoas que vêm atrás de nós.

Coloquemo-nos hoje em marcha com Jesus, como Pedro, Tiago e João, que contemplaram a glória de Deus.

"Naquele tempo, Jesus tomou consigo Pedro, Tiago e João, e os levou sozinhos a um lugar à parte sobre uma alta montanha. E transfigurou-se diante deles. Suas roupas ficaram brilhantes e tão brancas como nenhuma lavadeira sobre a terra poderia alvejar. Apareceram-lhe Elias e Moisés, e estavam conversando com Jesus" (Marcos 9,1-4).

Rezemos confiantemente: Senhor, dai-nos a graça de sermos transfigurados como Jesus, que em tudo buscava um momento para gozar da sua presença.

Jesus, eu confio em Vós!

Nunca esqueça:
o Pai do Céu
cuida de você.

Luzia Santiago

Canção Nova

FOTOGRAFE E COMPARTILHE

O Pai do Céu cuida de mim!

Deus conhece os desejos e as aspirações mais profundas de nosso coração... Sabemos que o tempo de Deus não é o nosso, e a maneira de Ele agir nem sempre coincide com a nossa. O que precisamos guardar é que o Pai do Céu cuida de nós muito mais do que das flores e dos pássaros. Não podemos deixar escapar nenhuma preocupação; tudo deve ser exposto com confiança em oração a Deus Pai.

Entregue agora ao Senhor tudo o que está roubando a sua paz; tudo o que está desordenado dentro de você: afetos, sentimentos, inseguranças, medos, enfim, todas as suas preocupações. Esgote na oração todas elas, sem nenhum receio de ser um peso para Deus. Ele, mais do que ninguém, sabe do que você precisa. Nunca esqueça: o Pai do Céu cuida de você. Vale a pena escrever em um lugar bem visível, para voltar a ler esta frase quantas vezes for necessário: "O Pai do Céu cuida de mim." E assumir essa verdade cada vez que ler isso, e ler orando... confiando.

Pai, concedei-nos um coração de criança, para confiarmos plenamente no Vosso amor por nós, que se manifesta concretamente neste dia. Como Jesus, glorificamos Vosso santo nome, por todas as graças com as quais cumulais nossa vida.

Jesus, eu confio em Vós!

Sem luta não há vitória!

Luzia Santiago

Canção Nova

FOTOGRAFE E COMPARTILHE

Sem luta não há vitória!

"Ajuda-te que Deus te ajuda" é um provérbio popular que contribui para compreendermos o quanto precisamos ser firmes e corajosos.

É preciso confiar em Deus e entrar em ação.

"Graças a Deus, sou o que sou, e sua graça em mim não foi em vão, já que trabalhei mais que todos eles, não eu, mas a graça de Deus em mim" (1Coríntios 15,10).

É preciso enfrentar a luta. Foi assim com Maria: ela saiu às pressas pela montanha para ajudar Isabel, sua prima. Entremos no combate da oração, peçamos o auxílio da Virgem Maria, dos anjos e dos santos. "Quem é esta que avança como a aurora, temível como exército em ordem de batalha? Esta é Maria, a Mãe de Jesus e nossa Mãe."

Vinde Espírito Santo, para que enfrentemos as lutas deste dia, sem vacilar nem temer.

Jesus, eu confio em Vós!

O desejo do coração de Jesus é nos ver livres dos entraves; das amarras, dos medos, da tristeza, da mentira.

Luzia Santiago

Canção Nova

FOTOGRAFE E COMPARTILHE

Eu abro as portas do meu coração

"Com efeito, tudo o que está escondido deverá tornar-se manifesto; e tudo o que está em segredo deverá tornar-se conhecido e claramente manifesto" (Lucas 8,17).

Somente quando permitimos que a luz de Cristo entre em nossa vida, conseguimos superar os nossos limites e aceitar os limites do outro.

Se hoje fizermos uma revisão de nossas vidas, vamos perceber quantas situações estão pendentes e malresolvidas dentro de nós. O quanto ainda somos "armados" e agressivos com as pessoas, e o quanto sofremos com isso e fazemos outros sofrerem.

O desejo do coração de Jesus é nos ver livres desses entraves; das amarras, dos medos, da tristeza, da mentira... Somos pessoas comunicativas, alegres, espontâneas, talentosas. Precisamos deixar que nossas qualidades e talentos venham para fora.

Se, corajosamente, dermos abertura a Jesus em nosso coração, seremos capazes de compreender a profundidade do Seu amor por nós e, assim, poderemos ser luzes para os outros.

Senhor, eu abro as portas do meu coração para que a Vossa luz ilumine e dissipe as trevas do meu interior e os bloqueios que eu mesma criei.

Jesus, eu confio em Vós!

Em meio às adversidades que surgirão hoje, deixemo-nos impregnar de misericórdia antes de falar qualquer coisa ou tomar alguma decisão.

Luzia Santiago

Canção Nova

FOTOGRAFE E COMPARTILHE

Como Jesus agiria nesta situação?

Quanto mais aderirmos a Jesus, mais seremos capazes de estar próximos uns dos outros, abertos ao perdão e à misericórdia como o próprio Jesus, em meio às adversidades:

> *"Estava chegando o tempo de Jesus ser levado para o céu. Então Ele tomou a firme decisão de partir para Jerusalém e enviou mensageiros à sua frente. Estes puseram-se a caminho e entraram num povoado de samaritanos, para preparar hospedagem para Jesus. Mas os samaritanos não o receberam, pois Jesus dava a impressão de que ia a Jerusalém. Vendo isso, os discípulos Tiago e João disseram: 'Senhor, queres que mandemos descer fogo do céu para destruí-los?' Jesus, porém, voltou-se e repreendeu-os. E partiram para outro povoado" (Lucas 9,51-56).*

A atitude de Jesus é de misericórdia e não de destruição. Ele repreendeu a atitude dos discípulos, para que a vingança não predominasse em seus corações.

Na verdade, a nossa atitude é a mesma dos discípulos: quando não somos correspondidos em nossas expectativas, logo ficamos coléricos e cheios de vingança. Em meio às adversidades que surgirão hoje, deixemo-nos impregnar de misericórdia antes de falar qualquer coisa ou tomar alguma decisão. Perguntemos ao Espírito Santo: como Jesus agiria nesta situação?

Caminhemos com o olhar fixo em Jesus, para que todas as pessoas, ao perceberem nossa maneira de nos comportar, digam: "Nós iremos convosco; porque ouvimos dizer que Deus está convosco" (Zacarias 8,23c).

Jesus, eu confio em Vós!

Onde há fé
e amor, Deus
aí está.

Luzia Santiago

Canção Nova

FOTOGRAFE E COMPARTILHE

Jesus acolhe a todos

"Aquele que se perdoa pouco mostra pouco amor" (Lucas 7,47b).

Jesus era amigo dos pecadores. Comia e bebia com eles. Aceitava convite dos fariseus para as refeições, aproveitava a ocasião para ensiná-los; por meio de parábolas expunha Sua doutrina, como forma de confundir os incrédulos e comprometer os Seus ouvintes. O amor e o perdão prevalecem na Sua mensagem e em tudo o que Ele faz.

Onde há fé e amor, Deus aí está. Onde há arrependimento e contrição de coração, o perdão de Deus acontece e a paz volta.

Jesus é por nós. Deixemos que a Sua salvação penetre em nossa vida, abrindo-nos ao amor e ao arrependimento.

Senhor Jesus, obrigada porque o Senhor me conhece e me trata com carinho. Obrigada pela Sua Divina Misericórdia!

Jesus, eu confio em Vós!

É o Espírito
Santo de Deus
que cria, recria e
faz novas todas
as coisas.

Luzia Santiago

Canção Nova

FOTOGRAFE E COMPARTILHE

Parece que falta alguma coisa

No decorrer da nossa vida, mesmo depois que conseguimos tudo o que almejamos, sentimos um espaço vazio, que não somos capazes de preencher. Parece que perdemos o encanto natural pelas coisas. As novidades do momento não despertam mais nada dentro de nós. Parece que entramos num declínio interior.

Todo filho de Deus precisa passar por uma profunda transformação interior, ou seja, viver uma experiência com o Espírito Santo de Deus, que cria, recria e faz novas todas as coisas. Sem essa experiência, nunca vamos nos sentir verdadeiramente realizados como filhos de Deus. Não se trata de conhecimento intelectual, e sim de uma experiência que dinamiza e renova tudo em nós.

Todos somos ávidos por novidades e, neste longo e cansativo caminho rumo à salvação, precisamos das novidades do Espírito, que nunca envelhecem. São elas que nos impulsionam a exercer nossa missão específica e, mesmo em meio às adversidades, nos manter serenos, equilibrados e realizados.

Peçamos hoje ao Senhor que Ele nos conceda a graça de ter uma profunda experiência com o Espírito Santo.

Jesus, eu confio em Vós!

A verdadeira alegria evita muitos males.

Luzia Santiago

Canção Nova

FOTOGRAFE E COMPARTILHE

Vamos sorrir para a vida hoje?

Precisamos nos vigiar a cada instante, para que nada nem ninguém roube a alegria do nosso coração, porque "a alegria do coração é a vida da pessoa, tesouro inexaurível de santidade, a alegria da pessoa prolonga-lhe a vida" (Eclesiástico 30,23).

A tristeza leva-nos à morte e é a filha predileta do demônio. São Francisco de Assis disse-nos que "o demônio rejubila-se quando consegue roubar a alegria dos filhos de Deus".

A verdadeira alegria evita muitos males. Existem pessoas que vivem doentes porque, em vez de cultivar a alegria, deixaram-se escravizar pela tristeza.

> *"Tem compreensão contigo mesmo e consola teu coração; afugenta para longe de ti a tristeza. A tristeza matou a muitos e não traz proveito algum" (Eclesiástico 30,24-25).*

Peçamos ao Senhor, neste dia, a graça de ter alegres esperanças, coração alegre e semblante alegre. Vamos sorrir para a vida hoje?

Concedei-nos, Senhor, a plenitude do Espírito Santo, para que possamos, com nossa alegria, ser canais de libertação para os que estão escravizados pela tristeza.

Jesus, eu confio em Vós!

Deus está sempre preparado para nos acolher.

Luzia Santiago

Canção Nova

FOTOGRAFE E COMPARTILHE

Como Deus me vê?

Muitas pessoas me procuram para partilhar o que estão vivendo, e tenho observado que a grande maioria delas não se sente amada e não se abre, verdadeiramente, ao amor de Deus.

Deus está sempre preparado para nos acolher. Nada pode ser melhor do que compreender isso. Deus é tão misericordioso, que, quando vamos até Ele, não existe amargura, rancor, mágoa ou ressentimento que impeçam Seu amor sobre nós. Você já parou para pensar como é que Deus o vê? E qual é a imagem que você tem de Deus? Hoje, Jesus quer revelar-se a você e dar-se a conhecer.

Permaneçamos atentos para acolher Jesus, que vem ao nosso encontro.

Jesus, eu confio em Vós!

Peçamos a Jesus a graça de viver o dia de hoje como se fosse o único e o último da nossa vida.

Luzia Santiago

Canção Nova

FOTOGRAFE E COMPARTILHE

O dia mais belo é HOJE!

Hoje o Senhor quer nos ensinar a ter paciência conosco. Precisamos aceitar nossas limitações e assumir nossos erros, pequenos ou grandes. Jesus quer nos ensinar também a olhar para a frente, para não tropeçarmos em nosso passado. Sirva-nos de exemplo a mulher de Ló.

"Por ter olhado para trás, perdeu a vida, convertendo-se em uma estátua de sal" (Gênesis 19,26).

Da mesma forma, não podemos nos esquecer da palavra do anjo, quando da destruição de Sodoma: "Se queres continuar vivo, não olhes para trás, e não te detenhas em parte alguma da planície; mas foge para a montanha, senão perecerás" (Gênesis 19,17ss).

Não voltemos nosso rosto para trás nem soframos com os fatos que já se passaram. Olhemos para a frente, para o alto, para Deus. Concentremos nosso olhar no que brota do presente e aponta para o futuro:

"Irmãos, se ressuscitastes com Cristo, esforçai-vos por alcançar as coisas do alto, onde está Cristo, sentado à direita de Deus; aspirai às coisas celestes e não às coisas terrestres" (Colossenses 3,1-2).

Não deixemos que a nossa vida fique presa às ruínas do tempo que já passou. O nosso tempo é o agora, é este momento presente, é esta luz que nos alumia, o hoje.

Se perguntarem para nós qual foi ou qual é o dia mais belo, respondamos como Madre Teresa de Calcutá:

"O dia mais belo é HOJE."

E como Santa Teresinha do Menino Jesus:

"Jesus, eu só tenho o dia de HOJE para amar-Vos."

Peçamos a Jesus a graça de viver o dia de hoje como se fosse o único e o último da nossa vida.

Jesus, eu confio em Vós!

Nosso triunfo vem do amor de Deus por nós.

Canção Nova

FOTOGRAFE E COMPARTILHE

O amor é mais forte do que a morte

Nada será capaz de nos separar do amor de Deus. Jesus já nos manifestou isso, entregando-se por nós na cruz. Confiando nessa verdade, podemos enfrentar todas as tentações que a vida nos reserva diariamente. Nosso triunfo vem do amor de Deus por nós.

> *"Se Deus é por nós, quem será contra nós? Deus, que não poupou seu próprio Filho, mas o entregou por todos nós. Como não nos daria tudo junto com Ele? Quem acusará os escolhidos de Deus? Deus, que os declara justos? Quem nos separará do amor de Cristo? Tribulação? Angústia? Perseguição? Fome? Nudez? Perigo? Espada? Mas, em tudo isso, somos mais que vencedores, graças àquele que nos amou! Tenho a certeza de que nem a morte e nem a vida, nem os anjos nem os poderes celestiais, nem o presente nem o futuro, nem as forças cósmicas, nem a altura nem a profundeza, nem outra criatura qualquer será capaz de nos separar do amor de Deus por nós, manifestado em Cristo Jesus, Nosso Senhor" (Romanos 8,31-33.35.37-39).*

Todo dia e mesmo cada minuto se tornam novos, porque o amor de Deus se renova por nós a cada manhã que desperta.

Senhor, confio no Vosso amor e na Vossa Divina Misericórdia. No decorrer deste dia, coloco-me em Vossos braços e espero com confiança que minhas ações e todo o meu viver estejam ancorados no Vosso amor por mim!

Jesus, eu confio em Vós!

O sofrimento é uma escola de santidade.

Luzia Santiago

Canção Nova

FOTOGRAFE E COMPARTILHE

O mistério do sofrimento

"O sangue de Cristo, ao mesmo tempo que revela a grandeza do amor do Pai, manifesta também como o homem é precioso aos olhos de Deus e quão inestimável é o valor de sua vida" (São João Paulo II).

Paremos para refletir sobre quantos não foram os momentos de dor em nossas vidas nos quais pensamos: "Eu não vou suportar", "Eu não mereço este sofrimento", "Por que tenho de passar por isso?", "O que fiz de errado?", "Isso parece um castigo"...

Irmãos, que não sejamos "engolidos" pela nova mentalidade do mundo, que se baseia no materialismo prático, na busca do prazer, do ter, e no individualismo. As contradições, as tribulações e os constrangimentos pelos quais passamos em nossa vida são assumidos plenamente por Jesus: "Sendo rico, fez-se pobre por vós, a fim de vos enriquecer pela pobreza" (2Coríntios 8,9).

No sofrimento, Jesus nos leva a realizar plenamente o sentido da nossa existência. Ninguém como Ele assumiu para si todas as nossas dores, salvando-nos para a vida eterna.

Descobrir o mistério do sofrimento é nos abrirmos para um bem maior: o dom de irmos até o outro, vencermos nossos preconceitos, amarmos e valorizarmos a vida!

O nosso sofrimento é uma escola de santidade. A nossa dor nos faz experimentar a misericórdia de Deus, a dignidade e a força salvífica que Lhe são próprias. Benditas sejam as nossas provas.

Jesus, eu confio em Vós!

Abramo-
-nos à ação do
Espírito Santo,
porque Ele pode
renovar todas
as coisas.

Luzia Santiago

Canção Nova

FOTOGRAFE E COMPARTILHE

O Espírito Santo tem uma novidade para cada dia

Nada melhor do que começar o dia colocando-nos à disposição do Espírito Santo, para que Ele nos conduza segundo a vontade de Deus: "Espírito Santo, quero viver para Jesus hoje. Dou-Vos a minha mente, minhas emoções, minha vontade, meu intelecto, meus lábios, minha boca, meus ouvidos, meus olhos, meu coração, tudo o que tenho e sou. Usa-os para a glória de Deus."

Ao longo do dia, rezemos muitas vezes essa oração, para que sejamos conduzidos pela sabedoria de Deus. Somente com o auxílio do Espírito Santo somos capazes de fazer as escolhas certas, tomar decisões precisas e ajustadas, fazer o bem, resolver situações que humanamente parecem impossíveis, lidar com as variadas situações que surgem e fogem do nosso controle.

Não permitamos que os nossos preconceitos sejam os nossos condutores. Abramo-nos à ação do Espírito Santo, porque Ele pode renovar todas as coisas. Só depende de nós, da abertura e adesão do nosso coração. O Espírito Santo tem uma novidade para cada dia. Você já perguntou ao Espírito Santo qual é a novidade que Ele tem para a sua vida hoje?

> *"O Espírito do Senhor está sobre mim, porque me ungiu; e enviou-me para anunciar a boa-nova aos pobres, para sarar os contritos de coração, para anunciar aos cativos a redenção, aos cegos a restauração da vista, para pôr em liberdade os cativos, para publicar o ano da graça do Senhor" (Isaías 61,1-2).*

A vida no Espírito Santo é dinâmica. Ele nos entusiasma e nos impulsiona, mesmo em meio às dificuldades.

Peçamos hoje, ao Senhor, a graça de viver no dinamismo do Espírito Santo.

Jesus, eu confio em Vós!

Deus nos criou para grandes e nobres projetos.

Luzia Santiago

Canção Nova

FOTOGRAFE E COMPARTILHE

Deus nos quer livres

"Nunca se esqueçam de que seguir cegamente o impulso de nossas emoções, muitas vezes, significa nos tornar escravos de nossas paixões" (São João Paulo II).

O Senhor criou-nos para sermos homens e mulheres livres. Não podemos mais nos deixar escravizar por nada nem por ninguém. Muitas pessoas adotam um falso conceito de liberdade e vivem a partir dele, numa vida totalmente desregrada e sem sentido.

Jesus é um amigo exigente. Ele aponta para metas grandiosas; pede-nos que saiamos de nós mesmos, a fim de irmos ao Seu encontro, confiando-Lhe toda a nossa vida. "O que perder a sua vida por causa de mim e do Evangelho irá salvá-la" (Marcos 8,35).

Essa proposta pode nos parecer difícil e até assustadora, mas o que é melhor: resignarmo-nos a uma vida sem ideais, a um mundo feito à nossa imagem e semelhança, ou buscar generosamente a verdade, a bondade, a justiça, trabalhando por um mundo que reflita a beleza de Deus, ainda que para isso enfrentemos dificuldades?

A nós cabe a decisão, e toda decisão acarreta uma consequência. Deus nos criou para grandes e nobres projetos. Quanto mais nos colocarmos à Sua disposição, mais descobriremos o autêntico significado da nossa vida.

Rezemos: Espírito Santo, hoje quero viver para Jesus. Dou-Vos a minha mente, minhas emoções, minha vontade, meu intelecto, meus lábios, minha boca, meus ouvidos, meus olhos, tudo o que tenho e sou. Disponde de tudo para a glória de Deus.

Jesus, eu confio em Vós!

Coloquemos nossa vida nas mãos de Deus.

Canção Nova

FOTOGRAFE E COMPARTILHE

Por que estou sofrendo?

Estamos de passagem neste mundo, e o nosso caminho é semelhante ao de Jesus: caminho de cruz, porque o discípulo não é maior do que o Mestre.

Mas nós precisamos estar atentos para uma realidade: muitos dos nossos sofrimentos são frutos do mau uso da nossa liberdade. Fazemos tudo aquilo que temos vontade, mas não pensamos nas consequências que nossas atitudes trarão para nós.

Deus nos dá a liberdade de escolha porque nos ama; por isso, deixa-nos livres. O homem é senhor da sua liberdade, mas nem sempre sabe fazer escolhas certas, porque é limitado. É aí que precisamos tomar consciência de que sozinhos não somos capazes de conduzir nossa vida.

Coloquemos nossa vida nas mãos de Deus. Deixemos que Ele nos aponte por qual caminho devemos seguir. Com Deus, não corremos o risco de nos perder em meio às decepções e adversidades do nosso dia, entrando no abismo da indiferença e incredulidade.

Rezemos com o salmista: "Não lembreis as nossas culpas do passado, mas venha logo sobre nós vossa bondade, pois estamos humilhados em extremo" (Salmo 79).

Jesus, eu confio em Vós!

Diante de
cada situação,
decidamo-nos
a fazer o bem, a
amar, a acolher,
a abençoar.

Luzia Santiago

Canção Nova

FOTOGRAFE E COMPARTILHE

Sorrir rejuvenesce!

Você sabia que o seu sorriso edifica, cura, salva e rejuvenesce?

Vamos fazer hoje o exercício de sorrir para todas as pessoas que encontrarmos; de sermos ternos, acolhedores, amorosos, carinhosos, mesmo que a nossa humanidade queira inclinar-se à frieza e à indiferença?

Dessa maneira, vamos superar os nossos limites, o medo de amar e ser amados, os traumas e os bloqueios que nos impedem de ser livres.

Vigiemo-nos diante das situações para que não sejamos arrastados pelo mau humor, pela crítica, pela indiferença, pelo medo, pela tristeza etc.

Diante de cada situação, decidamo-nos a fazer o bem, a amar, a acolher, a abençoar.

É claro que somos humanos e limitados, mas o Senhor concede-nos uma graça própria para vivermos bem o dia de hoje.

Peçamos: Senhor, concedei-nos a graça de fazer pequenos gestos de amor, para que todas as pessoas que passarem pela nossa vida hoje sintam-se felizes.

Jesus, eu confio em Vós!

Se fizermos
"calar fundo" a
vontade de Deus,
no momento
presente, veremos
as situações
transformadas!

Luzia Santiago

Canção Nova

FOTOGRAFE E COMPARTILHE

O Céu na Terra

Quantos de nós estamos "afogados" num mar de coisas a resolver, trabalhos a realizar, problemas a solucionar.

Nem sempre conseguimos ver uma luz, e nos parece difícil até mesmo ter um momento durante o dia para estar com Deus. Julgamo-nos, não raras vezes, improdutivos, fracassados em nossos objetivos.

Se soubéssemos nos calar e fazer a vontade de Deus em nossa casa, em nosso trabalho, veríamos o Céu na Terra.

Se fizermos "calar fundo" a vontade de Deus no momento presente veremos as situações transformadas!

> *"O Deus da esperança vos encha de toda a alegria e de toda a paz na vossa fé, para que pela virtude do Espírito Santo transbordeis de esperança" (Romanos 15,13).*

Jesus, eu confio em Vós!

Creia: sua necessidade está sob os olhos do Senhor.

Luzia Santiago

Canção Nova

FOTOGRAFE E COMPARTILHE

Quando amamos, trabalhamos!

Jesus nos diz: "O meu Pai agora está trabalhando, e eu também estou trabalhando" (João 5,17).

Deus não está dormindo. Ele trabalha sempre e está em constante atividade. Ele vê e acompanha nossos sofrimentos; nos ama e trabalha por nossa causa. Creia: sua necessidade está sob os olhos do Senhor. Nosso Pai e Jesus não cessam de trabalhar por você.

Exponha-se diante Dele. Seja sua causa pessoal ou familiar, seja sua doença física ou espiritual, apresente-se agora para o Senhor. Nada pode impedir a ação de Deus em sua vida. Nada pode roubar sua alegria de ter alguém constantemente trabalhando por sua causa: o Pai e Jesus. Eles não terão descanso enquanto não lhe derem o Reino dos Céus. Deus é por nós. Somos Dele e, por isso, sabemos que:

"Todas as coisas concorrem para o bem daqueles
que amam a Deus, daqueles que são os eleitos,
segundo os seus desígnios" (Romanos 8,28).

Como num dia inteiro de trabalho, o Senhor age em nosso meio salvando nossas vidas, curando nossos corações, sarando nossos doentes, libertando nossos oprimidos e arrancando da opressão do maligno aqueles que se encontram nas trevas. Se abrirmos o coração e deixarmos o Seu poder agir, veremos aqui, nesta vida, os prodígios do Senhor.

Senhor, libertai-nos de toda incredulidade. Afastai a ação do mal que quer abalar nossa fé. Enchei-nos da certeza de que a Vossa graça nos basta. Fazei-nos ativos na caridade!

Jesus, eu confio em Vós!

O sonho de Deus em relação à humanidade é a unidade.

Luzia Santiago

Canção Nova

FOTOGRAFE E COMPARTILHE

Rompendo os muros

O sonho de Deus em relação à humanidade é a unidade.

"Embora sejamos muitos, formamos um só corpo em Cristo e cada um de nós é membro um do outro" (Romanos 12,5).

Cristo Jesus, com Sua paixão e morte, destruiu o muro de inimizade que separava os filhos de Deus dispersos.

O caminho da unidade é difícil, mas rico de alegria porque é sem fronteiras!

"Já no Antigo Testamento, referindo-se à situação do povo de Deus de então, o profeta Ezequiel, recorrendo ao símbolo simples de duas varas, primeiro separadas e depois juntas uma à outra, exprimia a vontade divina de 'reunir de toda parte' os membros do Seu povo dividido: 'Serei o seu Deus e eles serão o meu povo. Então as nações reconhecerão que eu sou o Senhor que santifico Israel' (Ezequiel 37,16-18)" (São João Paulo II).

Não há como pensar num futuro melhor se não formos, no tempo presente, homens e mulheres construtores da unidade e da comunhão. O amor para com todos, a caridade e o perdão, de fato, formam a geração da qual Deus necessita para transformar as realidades do mundo!

Sejamos um com todos e amemos nossos irmãos, como Cristo mesmo nos amou!

Jesus, eu confio em Vós!

Quem confia no amor de Deus se lança na esperança!

Luzia Santiago

Canção Nova

FOTOGRAFE E COMPARTILHE

Esperar somente em Deus

Quem confia no amor de Deus se lança na esperança! Jó exclamava: "Eu sei que o meu redentor está vivo!" (Jó 19,25). A nossa existência é permeada de surpresas, das mais simples até as mais complicadas. Em todas elas não podemos perder de vista o Senhor; precisamos permanecer unidos a Ele, especialmente quando não entendemos o que se passa conosco.

Para vencermos todas as provas, é necessário nos unirmos a Jesus.

Na sua situação, una-se a Jesus e espere Nele, sem jamais perder a confiança na Sua misericórdia.

"Os sofrimentos humanos unidos ao sofrimento redentor de Cristo constituem um apoio particular às forças do bem, abrindo caminho à vitória dessas forças salvíficas" (São João Paulo II).

"Este é o nosso Deus, esperamos Nele, até que nos salvou; este é o Senhor, Nele temos confiado: vamos alegrar-nos e exultar, por nos ter salvado" (Isaías 25,9).

Jesus, eu confio em Vós!

Confiemos
em Deus como
Maria confiou.

Luzia Santiago

Canção Nova

FOTOGRAFE E COMPARTILHE

Confiemos em Deus como Maria confiou

Cada situação que vivemos é um exercício de fé e coragem. Basta olharmos para a vida de Nossa Senhora e como ela reagia diante dos fatos; ela não compreendia o projeto de Deus a seu respeito, mas colocou-se à inteira disposição do Senhor:

"Eis aqui a serva do Senhor; faça-se em mim segundo a tua palavra!" (Lucas 1,38).

Ela era livre para dizer um "não" aos desígnios de Deus ao novo que lhe foi apresentado. Ela podia até desculpar-se dizendo: "Não tem jeito! Não vai dar certo..." Mas, ao contrário, abandonou-se nas mãos de Deus incondicionalmente, num gesto de total confiança.

Não podemos desanimar com nada. Recorramos sempre a Maria, invocando-a com confiança; Maria, Rainha do amor Dele por nós, Seus filhos!

"Maria, tendo-se feito, com todo o seu ser, dom para o seu Filho, veio a tornar-se também dom para os filhos e filhas de todo gênero humano, gerando uma profundíssima confiança em quem a ela recorre para ser guiado pelos caminhos difíceis da vida até o seu destino final" (São João Paulo II).

Jesus, eu confio em Vós!

Só o amor constrói.

Luzia Santiago

Canção Nova

FOTOGRAFE E COMPARTILHE

Só o amor constrói

"Aquele que começou em vós uma boa obra há de levá-la à perfeição até o dia de Cristo Jesus. Eu peço a Deus que o vosso amor cresça sempre mais, em todo o conhecimento e experiência, para discernirdes o que é melhor. E assim ficareis puros e sem defeito para o dia do Cristo, cheios de frutos de justiça que nos vêm por Jesus Cristo, para a glória e o louvor de Deus" (Filipenses 1,6.9-11).

"Deus não nos pede excessos, mas que façamos o bem", dizia Santa Teresa.

É necessário pedirmos sempre a Deus o amadurecimento do amor em nós. Supliquemos ao Senhor, para que Ele venha em socorro das nossas fraquezas no trato com as pessoas, porque é a qualidade do nosso amor que faz a diferença.

Jesus, eu confio em Vós!

A paz vem de Deus!

Luzia Santiago

Canção Nova

FOTOGRAFE E COMPARTILHE

A paz vem de Deus!

Se não ficarmos atentos, facilmente as contrariedades próprias do nosso dia roubarão a paz que trazemos no coração. Precisamos vigiar para que nada nos roube a paz, porque Deus nos concedeu o Espírito Santo de forma que nada a tire de nós. Quando nos apercebermos sem paz, rezemos: "Guardai-me, em paz, junto a vós, Senhor! Jesus, que nada me roube a Vossa paz!"

"Vinde, Espírito criador, as nossas almas visitai. Nosso inimigo repeli, e concedei-nos Vossa paz; se, pela graça nos guardais, o mal deixamos para trás."(Do hino Veni, Creator Spiritus)

Coloquemo-nos nos braços de Deus, como crianças bem tranquilas no regaço acolhedor de sua mãe. O Senhor nos convida a confiar na Sua proteção e a nos abandonar aos Seus cuidados: "Confia no Senhor, ó Israel, desde agora e por toda a eternidade!" (Salmo 131,3).

Jesus, eu confio em Vós!

No dia de hoje,
procuremos
o Senhor
incansavelmente
e deixemo-nos
alcançar por Ele.

Luzia Santiago

Canção Nova

FOTOGRAFE E COMPARTILHE

Caminhemos ao encontro de Jesus

A maior graça que uma pessoa pode ter na vida é a de conhecer e fazer a experiência do amor de Deus. Ao termos nosso encontro pessoal com Jesus, mudamos radicalmente de vida, porque descobrimos o verdadeiro sentido da nossa existência.

Vejamos o testemunho de São Paulo: "Na verdade, considero tudo como perda diante da vantagem suprema que consiste em conhecer a Cristo Jesus, meu Senhor" (Filipenses 3,8).

No dia de hoje, procuremos o Senhor incansavelmente e deixemo-nos alcançar por Ele.

Jesus, eu confio em Vós!

Na reconciliação Jesus nos leva a verificar a solidez da nossa caridade.

Luzia Santiago

Canção Nova

FOTOGRAFE E COMPARTILHE

Viver reconciliados

Se as circunstâncias abriram em nós fendas de ressentimento e mágoa contra alguém, Jesus nos leva a verificar a solidez da nossa caridade para com essa pessoa.

> *"Prestai atenção: se o teu irmão pecar contra ti sete vezes num só dia, e sete vezes vier a ti, dizendo: 'Estou arrependido', tu deves perdoá-lo"* (Lucas 17,1-6).

Peçamos a luz do Divino Espírito Santo para com paciência e caridade sempre darmos uma nova chance para nós mesmos e para os outros. É assim que a Igreja de Cristo vai se solidificando: na reconciliação!

Enviai, Senhor, vosso Santo Espírito e renovai a face da Terra!

Jesus, eu confio em Vós!

O Senhor quer encontrar em nossos lábios uma Canção Nova, um cântico de vitória.

Luzia Santiago

Canção Nova

FOTOGRAFE E COMPARTILHE

Cantemos uma Canção Nova

O Senhor quer encontrar em nossos lábios uma Canção Nova, um cântico de vitória. Especialmente quando o mar da nossa vida está agitado, é preciso proclamar que Jesus é o Senhor dos acontecimentos.

> *"Cantavam o cântico de Moisés, o servo de Deus, e o cântico do Cordeiro, dizendo: 'Grandes e admiráveis são as tuas obras, Senhor Deus Dominador'" (Apocalipse 15,3).*

Neste dia, em vez de reclamarmos, louvemos ao Senhor; em vez de falarmos demais, de criticarmos, oremos; se temos o costume de responder mal às pessoas, tratemo-las com carinho e mansidão. Sejamos tardos no falar e prontos para escutar.

Vamos nos observar neste dia em tudo o que fizermos. Ajamos não como pessoas egoístas, mas como pessoas renovadas pelo Espírito Santo de Deus.

Jesus, eu confio em Vós!

Louvemos a Deus em todas as situações: na alegria e na tristeza.

Luzia Santiago

Canção Nova

FOTOGRAFE E COMPARTILHE

O louvor nos liberta e nos aproxima de Deus

"Aclamai o Senhor, ó terra inteira, servi ao Senhor com alegria, ide a Ele cantando jubilosos. Sabei que o Senhor, só Ele, é Deus, Ele mesmo nos fez, e somos seus, nós somos seu povo e seu rebanho. Entrai por suas portas dando graças, e em seus átrios com hinos de louvor; dai-lhe graças, seu nome bendizei!" (Salmo 100).

Quando louvamos, os maiores beneficiados somos nós, porque nos aproximamos de Deus dando-Lhe a honra merecida. Louvemos a Deus em todas as situações: na alegria e na tristeza. Com certeza, muitas barreiras em nossa vida cairão por terra pela força desta poderosa arma: o louvor a Deus. O Senhor é digno de receber todo louvor, toda honra e toda glória. Rendamos a Ele o louvor que Lhe é devido.

Filhos dos homens, bendizei ao Senhor! Louvai-o e exaltai-o pelos séculos sem fim. Ao Pai, ao Filho e ao Espírito Santo louvemos e exaltemos pelos séculos sem fim! Bendito sois, Senhor, no firmamento dos céus. Sois digno de louvor e de eterna glória!

Jesus, eu confio em Vós!

Não tenhamos medo de viver em total dependência de Deus. Jamais seremos decepcionados!

Luzia Santiago

Canção Nova

FOTOGRAFE E COMPARTILHE

Ser simples como Jesus

Nós precisamos ser simples e humildes para compreender a vontade do Pai a nosso respeito e conhecer as riquezas do coração de Jesus. O próprio Jesus, cheio do Espírito Santo, exulta:

> *"Eu te louvo, Pai, Senhor do céu e da terra, porque escondeste essas coisas aos sábios e inteligentes, e as revelaste aos pequeninos. Sim, Pai, porque assim foi do Teu agrado" (Lucas 10,21).*

Despojemo-nos de nós mesmos e coloquemos nossa vida disponível para o Reino dos Céus. Jesus quer contar conosco. Não tenhamos medo de viver em total dependência de Deus. Jamais seremos decepcionados!

Jesus, eu confio em Vós!

Jesus, Filho
de Davi, tem
piedade de nós!

Luzia Santiago

Canção Nova

FOTOGRAFE E COMPARTILHE

Jesus, Filho de Davi, tira--me do fundo do poço!

Há momentos em que todas as coisas tornam-se obscuras, perdemos a visão e não enxergamos nada a nossa frente. A sensação é de termos "chegado ao fundo do poço". É como se estivéssemos cegos. Nesses momentos, precisamos clamar com fé o Nome de Jesus, como fizeram os dois cegos sobre os quais narra o Evangelho: "Naquele tempo, partindo Jesus, dois cegos o seguiram, gritando: 'Tem piedade de nós, filho de Davi!'" (Mateus 9,27).

Jesus era a única esperança daqueles cegos, e eles não tiveram receio de pedir socorro ao Senhor, porque algo neles os impelia a crer.

> *"Quando Jesus entrou em casa, os cegos aproximaram-se dele. Então Jesus perguntou-lhes: 'Vós acreditais que eu posso fazer isso?' Eles responderam: 'Sim, Senhor!' Então Jesus tocou nos olhos deles, dizendo: 'Faça-se conforme a vossa fé.' E os olhos deles se abriram" (Mateus 9,28-30).*

Em todos os momentos deste dia, supliquemos confiantes: Jesus, Filho de Davi, tem piedade de nós!

Jesus, eu confio em Vós!

A esperança é
a característica
dos que creem.
Espera no
Senhor!

Luzia Santiago

Canção Nova

FOTOGRAFE E COMPARTILHE

A esperança é a característica dos que creem

"Criai ânimo, não tenhais medo! Vede, é vosso Deus, é a vingança que vem, é a recompensa de Deus; é Ele que vem para vos salvar" (Isaías 35,4).

É tempo de esperar no Senhor. Mesmo em meio às provações, no pecado e na tentativa, tantas vezes falha, de mudar de vida, não podemos desanimar e muito menos perder a esperança, porque Deus age em socorro dos necessitados. A esperança é a característica dos que creem. Espera no Senhor!

Jesus, eu confio em Vós!

Deus
convida-nos a
cada momento
a nos aproximar
Dele, para que não
nos desviemos
do verdadeiro
caminho.

Luzia Santiago

Canção Nova

A coisa mais fácil é nos confundirmos

Deus convida-nos cada momento a nos aproximar Dele, para que não nos desviemos do verdadeiro caminho.

"Eu, o Senhor teu Deus, te ensino coisas úteis, te conduzo pelo caminho em que andas" (Isaías 48,17b).

É muito fácil nos confundirmos, errarmos o caminho e cairmos no buraco do egoísmo. Somos como as ovelhas: possuímos pouca visão. Sozinhos, sem alguém para nos orientar, corremos o risco de nos perder; principalmente quando agimos a partir de nossos sentimentos feridos. Jesus é o "Conselheiro Admirável". Nós necessitamos permanecer Nele para que as coisas deste mundo não nos levem a perder de vista o essencial. Renovemos hoje a nossa confiança no Senhor:

Jesus, eu confio em Vós!

A sabedoria endireita as veredas, abre novos horizontes...

Luzia Santiago

Canção Nova

FOTOGRAFE E COMPARTILHE

Novos horizontes...

"A Sabedoria inspira a vida aos seus filhos; ela toma sob a sua proteção aqueles que a procuram" (Eclesiástico 4,12).

Em meio às diversas circunstâncias da vida, diante das quais perdemos a tranquilidade e nos afundamos em atitudes precipitadas, Jesus nos convida a trilhar um caminho novo: o caminho da sabedoria.

A Sabedoria Divina nos garante agir não por impulso de sentimentos que traem e confundem nossa liberdade de filhos de Deus, mas movidos pela verdade e pela fé. Ela nos impulsiona a decidir pelo bem, a nos deixar guiar pela voz de Deus, pela Sua vontade. A sabedoria endireita as veredas, abre novos horizontes...

"Quem a adquirir herdará a glória. Onde ela entrar, Deus abençoará" (Eclesiástico 4,14).

Hoje, em cada situação, peçamos ao Espírito Santo que sejamos conduzidos pela sabedoria, sem nos deixar dominar por nada mais!

Sigamos as inspirações de Deus, suscitadas pelo sopro do Espírito, para que o nosso dia seja repleto de sabedoria e de paz!

Jesus, eu confio em Vós!

Nosso coração
precisa estar
em comunhão
com o coração
de Jesus.

Luzia Santiago

Canção Nova

FOTOGRAFE E COMPARTILHE

Senhor, o que queres que eu faça?

Nosso relacionamento com Deus não pode ser superficial. Precisamos ser íntimos de Deus e conhecê-Lo profundamente. Nosso coração precisa estar em comunhão com o coração de Jesus, nossos pensamentos precisam se transformar nos pensamentos de Jesus. Toda a nossa vida precisa ser Jesus. A nossa intimidade com o Mestre precisa ser tal que nas mínimas coisas conheçamos Sua vontade: Senhor, o que queres que eu faça?

Com certeza, o Senhor nos conduzirá nos Seus caminhos.

"Mostrai-me, ó Senhor, Vossos caminhos e fazei-me conhecer a Vossa estrada! Vossa verdade me oriente e me conduza, porque sois o Deus da minha salvação" (Salmo 25).

Caminhemos com plena confiança no Senhor, porque a vitória é certa.

Jesus, eu confio em Vós!

Jesus é o
Senhor da
nossa história.

Luzia Santiago

Canção Nova

FOTOGRAFE E COMPARTILHE

Jesus é o Senhor da nossa história

Todos nós temos uma história. Ninguém "nasceu do nada". Jesus, verdadeiro homem e verdadeiro Deus, nasceu em meio a um povo determinado e assumiu toda a Sua história e tradição.

"Jacó gerou José, o esposo de Maria, da qual nasceu Jesus, que é chamado o Cristo" (Mateus 1,16).

Nós não podemos nos subtrair da nossa história. Precisamos abrirmo-nos à luz do Espírito Santo para sermos curados e libertos em nossa história de vida. Jesus encarnou-se e assumiu toda a nossa humanidade, exceto o pecado, para nos redimir. Ele conhece nossa origem familiar desde os nossos antepassados. Jesus sabe de onde viemos e para onde vamos. Peçamos ao Senhor que no dia de hoje lave toda a nossa história de vida com o Seu sangue poderoso e nos purifique de todos os males.

Jesus, eu confio em Vós!

Ao
buscarmos
um coração
semelhante ao
de Jesus, vamos
nos afastar
do mal.

Luzia Santiago

Canção Nova

FOTOGRAFE E COMPARTILHE

Felizes os que se deixam transformar!

"A boca do justo fala sabedoria e a sua língua exprime a justiça. Em seu coração está gravada a lei de Deus; não vacilam os seus passos" (Salmo 36,30-31).

Supliquemos ao Senhor um coração novo e uma profunda conversão do coração. Jesus quer nos revelar onde precisamos de mudança: "É de dentro do coração humano que saem as más intenções, imoralidades, roubos, assassinatos, adultérios, ambições, maldades, fraudes, devassidão, inveja, calúnia, orgulho, falta de juízo. Todas essas coisas más saem de dentro e são elas que tornam impuro o homem" (Marcos 7,21-23).

À medida que buscamos um coração semelhante ao de Jesus, vamos nos afastando do mal, pois o Espírito Santo vem em auxílio da nossa fraqueza. Ele vai formando em nós uma nova consciência do mundo e das coisas, baseada nas virtudes da fé, esperança e caridade. Deixemo-nos iluminar pela Sua divina luz no que precisamos nos transformar.

"Envia, Senhor, o Teu Santo Espírito e renova a face da Terra. Renova o nosso viver: o nosso pensar, o nosso falar, o nosso agir... Tua palavra é a verdade; santifica-nos na verdade. Dá-nos um coração novo, capaz de sofrer sem nunca deixar de amar."

Jesus, eu confio em Vós!

Fomos feitos
por Deus para
viver o amor,
nunca o ódio.

Luzia Santiago

Canção Nova

FOTOGRAFE E COMPARTILHE

Amar os inimigos

Deus, que nos ama, quer que façamos tudo para superar a inimizade, dando lugar ao perdão e à misericórdia.

"Amai vossos inimigos, fazei o bem aos que vos odeiam, orai pelos que vos [maltratam e] perseguem. Deste modo sereis os filhos de vosso Pai do céu, pois ele faz nascer o sol tanto sobre os maus como sobre os bons, e faz chover sobre os justos e sobre os injustos" (Mateus 5,44-45).

Fomos feitos por Deus para viver o amor, nunca o ódio. Não é porque o mundo odeia, persegue e se vinga que nós vamos imitá-lo no seu egoísmo. Nossa vida precisa caminhar na direção da perfeição: "Sede perfeitos, como vosso Pai celeste é perfeito" (Mateus 5,48).

Deus é amor, e quem permanece no amor permanece em Deus, e Deus permanece nele (1João 4,12).

O Senhor hoje nos dá a graça de amar. Vivamos essa graça de Deus. Jesus, eu espero e confio em Vós para amar...

Direção geral
Antônio Araújo
Fábio Gonçalves Vieira

Direção editorial
Daniele Cajueiro

Editor responsável
Hugo Langone

Produção editorial
Adriana Torres

Revisão
Marcela Isensee

Capa
Maquinaria Studio

Projeto Gráfico e diagramação
Filigrana

Este livro foi impresso em 2016.